Écoconception web / les 115 bonnes pratiques

Doper son site et réduire son empreinte écologique

3e édition

Frédéric Bordage

Avec la contribution de Stéphane Bordage et Jérémy Chatard

Éditions EYROLLES

ÉDITIONS EYROLLES
61, bd Saint-Germain
75240 Paris Cedex 05
www.editions-eyrolles.com

Remerciements

Sans eux, ce référentiel n'existerait pas :

- Christian Meixenberger, Banque Cantonale de Fribourg, BCF.ch
- Christian Marchand, Green IT Consulting, GreenITconsulting.ch
- Stéphane Bordage et Jérémy Chatard, Breek.fr
- Frédéric Lohier, GreenIT.fr

Principaux contributeurs de cette troisième édition :

- Jean-Anaël Gobbe, Christophe Amelot, Aristys Web
- Thomas Broyer, Atol CD
- Stéphane Bordage, Breek
- Jérémy Chatard, Breek
- Julie Orgelet, DDemain
- Christian Martin, Nüweb
- Nicolas Bordier, Octo Technology
- Loïs Moreira, Pôle écoconception
- Romuald Priol, Peaks
- Vincent Courboulay, université de La Rochelle

Ils ont contribué, soutenu, diffusé, relu, validé, mis en œuvre, challengé, testé... bref, contribué à faire de ce livre un référentiel consensuel reconnu par toute la profession :

- acteurs institutionnels et fédérations professionnelles
  - Association des Agences Conseil en Communication (AACC)
  - Agence pour le développement et la maîtrise de l'énergie (ADEME)
  - Cigref, réseau de grandes entreprises
  - Syntec Numérique
  - Tech In France (ex. Afdel)

- acteurs institutionnels locaux et étrangers
  - AER Bourgogne-Franche-Comté
  - Bourgogne-Franche-Comté Numérique
  - CCI Bourgogne-Franche-Comté

- CCI Hérault
- UCM (Belgique)

• membres du Club Green IT (*club.greenit.fr*)
- Airbus
- Compagnie Nationale du Rhône
- Decathlon
- Direction Générale de l'Armement (DGA)
- Enedis
- Engie
- Groupe La Poste
- Informatique CDC
- IT-CE groupe BPCE
- Pôle emploi
- Renault
- RTE
- Schneider Electric
- SGS
- SNCF
- Société Générale
- Solocal Group
- Université de La Rochelle

• contributeurs du Collectif conception numérique responsable (*collectif.greenit.fr*) et agences web engagées dans la démarche

AACC
ABVSM
ADEME
Afpa
AER Bourgogne-Franche-Comté
Alliance Green IT
Angiel
Aristys
Atalan
Atol C&D
axellescom
be great
Bourgogne-Franche-Comté numérique
Breek
Carbone 4
Cigref
Clever Age
Club Green IT
D2SI
DDemain
Designers Éthiques
doinggood.consulting
ECV Digital

Émeraude Creative
EnergIT
European Service Network
Gillian Petit
Globalis
Green IT Consulting
GreenIT.fr
Groupe Elabor
Groupe La Poste
Informatique CDC
Inria
IT-CE groupe BPCE
Kaliop
Kassio
Keleo Solutions
La Félixe Communication
Lamy Environnement
LCIE département CODDE
LC-Numérik
Logomotion
Mediapart
NEOMA interactive
Neutreo by APL
Nüweb
OCTO Technology
Onepoint
Opquast
Peaks
PERCCOM
Planet Bourgogne
Pôle Écoconception
Publicis Groupe
Pulsar DS
PwC
QG & Com
Riposte Verte
RTE
Softeam Cadextan
Streamdata
Tech In France
Télécom ParisTech
Temesis
Transitia
Translucide
Typeco
UCM
Université de La Rochelle
Wannath
Worldline
WWF France

Préface

C'est une réalité : la transformation numérique se déploie à très grande vitesse, alors que la transition écologique, si elle est en marche, doit s'accélérer fortement ! Tous les signaux environnementaux sont dans le rouge : sécheresses, inondations, vagues de chaleur, chute des populations d'espèces, montée du niveau de la mer. En 40 ans, nous avons perdu 60 % des populations d'animaux sauvages sur Terre[1] et nos émissions de gaz à effet de serre auraient même franchi un nouveau pic de concentration dans l'atmosphère en 2017 et en 2018, après avoir stagné pendant 3 ans[2].

Et pourtant, la stabilité de notre économie et de notre société dépend de la nature et des services qu'elle nous fournit gratuitement. Si l'on devait payer pour de l'air frais, de l'eau potable, pour l'alimentation, le montant serait estimé à 125 000 milliards de dollars par an[3], soit plus que le PIB mondial (80 000 milliards de dollars par an).

De nombreux acteurs privés et publics l'ont bien compris et s'activent pour repenser nos modèles de production et de consommation vers une société plus solidaire, sobre en ressources et en gaz à effet de serre. L'industrie numérique, qui n'est pas une industrie immatérielle, doit elle aussi s'inscrire dans cette transition. Car nous sommes actuellement à un moment de bascule où nos usages présents et futurs du numérique peuvent tout autant augmenter notre empreinte écologique, que nous apporter des opportunités pour la réduire rapidement, à grande échelle, et ainsi bouleverser les codes établis.

Avec une expérience de plus de 40 ans à œuvrer pour mettre un frein à la dégradation de l'environnement et construire un avenir où les humains vivent en harmonie avec la nature, le WWF France dialogue et travaille avec divers acteurs qui souhaitent voir converger la révolution numérique et la transition écologique.

---

1. Rapport Planète Vivante 2018 du WWF
2. Organisation météorologique mondiale, novembre 2018
3. Costanza, R. *et al.*, « Changes in the global value of ecosystem services. » *Global Environmental Change* (2014)

La généralisation d'une démarche d'écoconception pour chaque produit et service numérique, qui doit devenir un nouvel automatisme bénéfique pour la planète et pour l'expérience de l'utilisateur, est un acte essentiel pour réduire notre empreinte numérique.

Or, si on connaît de mieux en mieux les enjeux et les impacts engendrés par l'usage du digital, le passage à l'action peine encore à s'installer. Ce recueil est donc incontournable pour accélérer le mouvement et disséminer le plus largement possible des bonnes pratiques d'écoconception web qui, rappelons-le, est la première technologie utilisée dans nos usages quotidiens.

Plus que jamais dans le domaine du numérique, nous faisons partie d'une chaîne de transformation dont chaque maillon va devoir s'additionner à l'autre. Et les décisions et actions ne viennent pas seulement d'en haut, mais le digital favorise la décentralisation qui se traduit sur le terrain par des actions conjointes et des initiatives d'individus, d'entreprises et de collectivités engagées. Alors pourquoi pas vous ?
Nous avons encore la possibilité d'orienter positivement cette révolution numérique et les auteurs de ce recueil nous livrent ici la recette pour le web. À nous de jouer !

Aurélie Pontal
Responsable de partenariats pour le WWF France

Sommaire

Présentation de l'écoconception web

La plupart des internautes considèrent Internet - et, *a fortiori*, le Web et le *cloud* - comme des univers virtuels et dématérialisés, donc inoffensifs pour la planète. Pourtant, « chaque octet a un impact dans le monde réel »[1]. C'est en partant de ce constat et des travaux de recherche menés pour caractériser le phénomène d'*obésiciel* (contraction d'« obèse » et « logiciel »), que GreenIT.fr a lancé le mouvement de l'écoconception de service numérique en France en 2009[2] puis de la conception responsable, quelques années plus tard.

L'idée est simple : réduire les impacts environnementaux et économiques des services numériques en améliorant leur conception et leur réalisation. Comme nous le verrons plus loin, il ne s'agit pas de performance mais d'efficience[3], soit consommer le moins possible de ressources physiques (quantité de mémoire vive, nombre de cycles CPU, quantité de bande passante, etc.). Dans cette optique, le Web est un candidat idéal, car c'est l'architecture technique la plus répandue.

---

1. Lorsqu'une citation n'est pas créditée, il s'agit d'une idée clé développée par l'auteur de ce livre, sous la forme d'un *motto* que nous vous encourageons à retenir et à transmettre.
2. *https://www.greenit.fr/2009/04/10/idee-chiffrer-lexecution-des-logiciels-en-wh-en-euros-et-en-co2*, Frédéric Lohier, 2009 et *https://www.greenit.fr/2010/05/24/logiciel-la-cle-de-l-obsolescence-programmee-du-materiel-informatique/*, Frédéric Bordage (avec Frédéric Lohier), 2010
3. Anglicisme issu du terme *efficiency*. Il s'agit d'utiliser le moins de ressources possibles pour atteindre un but.

Pourquoi réduire l'impact environnemental du Web ?

Les sites web et les services en ligne concentrent une part importante des impacts environnementaux des services numériques. D'autant qu'avec l'essor du cloud et des objets connectés (Internet des objets), cette architecture distribuée devrait s'imposer définitivement dans les années à venir. D'ici 2020, 50 à 75 milliards d'objets seront ainsi connectés[4], en plus des 4 milliards d'internautes actuels.

Le Web est touché de plein fouet par le phénomène d'obésiciel : le poids moyen d'une page web a été multiplié par 115 en 20 ans, passant de 14 Ko en 1995 à plus de 1600 Ko en 2015[5], avec une accélération du phénomène ces dernières années. Pourtant, on ne réserve pas 115 fois plus vite son billet de train, on n'écrit pas 115 fois plus vite un courrier électronique, on ne lit pas 115 fois plus vite un article ! En fait, tout se passe à peu près à la même vitesse qu'il y a 20 ans. Rien ne peut donc justifier une telle inflation du poids des pages. D'autant que l'explosion des accès mobiles 4G devrait plutôt inciter au régime qu'à l'embonpoint.

À l'échelle individuelle, ce *gras numérique* semble ne pas peser bien lourd dans la balance. Pourtant il constitue l'un des principaux leviers de l'obsolescence programmée.

Également trop gras, les services en ligne contribuent au phénomène d'obsolescence programmée[6] en obligeant les internautes à changer d'ordinateurs et de smartphones, alors qu'ils sont parfaitement fonctionnels... mais plus assez puissants pour afficher des pages web, toujours plus lourdes et mal conçues.

---

4. Plusieurs études (Cisco, Gartner, Morgan Stanley) concordent sur cet ordre de grandeur.
5. Calcul basé sur des recherches de Domenech (2007) et Souders (2014)
6. Lire à ce sujet : « Logiciel : la clé de l'obsolescence programmée du matériel informatique, GreenIT.fr, 2010, *https://www.greenit.fr/2010/05/24/logiciel-la-cle-de-l-obsolescence-programmee-du-materiel-informatique/*

Alors comment réduire l'empreinte environnementale de ces sites et services en ligne ? Il faut d'abord examiner l'infrastructure physique du Web pour identifier les principales sources d'impact.

L'infrastructure physique du Web

Le Web est matérialisé par « des terminaux connectés entre eux et à des centres de données via un réseau informatique et télécom ». Cette toile est donc constituée de trois tiers interconnectés : utilisateurs, réseaux, centres informatiques.

Fin 2018, on compte 4360 centres informatiques partagés[7] (colocation) répartis dans 122 pays qui totalisent 2 millions de mètres carrés (bâtiments). Il ne s'agit là que de la pointe émergée de l'iceberg, car il faut y ajouter les 500000 centres informatiques et salles informatiques privées des entreprises qui ajoutent 26 millions de mètres carrés. Ces derniers hébergent souvent des serveurs web. Enfin, il faut encore ajouter les *mega data centers* des géants du Web tels que Google, Amazon, Facebook, Apple, Yahoo ! et Microsoft. Au total, *a minima*, environ 62 millions de serveurs[8] stockent et traitent les données Internet.

De l'autre côté du réseau, les internautes sont 4 milliards, soit 53 % de la population mondiale[9]. Ils accèdent aux sites web et aux services en ligne via 22 milliards d'objets et de terminaux connectés[10] (smartphones, tablettes, ordinateurs, etc.), sans lesquels il serait impossible de manipuler le moindre octet.

Internautes et centres de données sont reliés par deux types de réseaux interconnectés, une dorsale et des boucles locales. Les opérateurs télécoms gèrent la dorsale Internet *(backbone)* constituée de plusieurs

---

7. *www.datacentermap.com/datacenters.html*, 2019. Il s'agit uniquement des plus grands centres de colocation répertoriés.
8. Estimations sur la base des données de JG Koomey pour la période 2005 à 2010, tout en tenant compte de l'accélération du développement des objets connectés
9. Statistiques mondiales : *https://wearesocial.com/blog/2018/01/global-digital-report-2018*
10. Nous avons pris en considération les ordinateurs, tablettes, smartphones, téléphones mobiles et IP fixes, consoles de jeux vidéo, écrans, TV connectées et les objets connectés.

dizaines de millions de kilomètres de câbles[11], dont 250 câbles sous-marins et 1,1 million de kilomètres de fibre optique[12]. Les fournisseurs d'accès Internet (FAI) gèrent la boucle locale. Ils connectent les internautes et les entreprises à la dorsale Internet grâce à plusieurs centaines de millions de kilomètres de câbles (paire cuivrée et fibre optique) et plus de 800 millions d'éléments actifs de réseau (commutateurs, routeurs, répartiteurs, etc.), dont 711 millions de box. Il faut ajouter à ce réseau filaire, toutes les connexions sans fil, soit 5 millions de stations de base radio (appelées couramment « antennes relais ») réparties partout dans le monde. Avec le développement des pays émergents et de la 4G, ces antennes relais seront 11 millions en 2020[13]. Quelques dizaines de satellites complètent le dispositif.

L'empreinte environnementale du Web

L'empreinte environnementale du Web est difficile à calculer car certaines données manquent, notamment les impacts associés au cœur du réseau : câbles sous-marins, stations de base radio et satellites. Cependant, pour vous donner un ordre de grandeur[14], nous avons tenté l'exercice à partir de l'inventaire ci-dessus en prenant en compte la fabrication des infrastructures, des équipements et leur utilisation.

En tenant compte de la durée de vie des infrastructures et des équipements, l'empreinte[15] annuelle mondiale du Web c'est-à-dire de l'Internet, des terminaux, objets « intelligents » et serveurs qui y sont connectés, serait au minimum de :

---

11. Essentiellement des fibres optiques pour la dorsale Internet et des lignes téléphoniques pour le dernier kilomètre. Ces lignes téléphoniques en cuivre sont progressivement remplacées par des fibres optiques, notamment dans les grandes métropoles.
12. Submarine Cables 101 TeleGeography, Alan Mauldin, 2017 *https://blog.telegeography.com/frequently-asked-questions-about-undersea-submarine-cables*
13. Selon *europa.eu/rapid/press-release_MEMO-12-327_en.htm?locale=en*, 5 millions de stations relais *(radio base stations)* en 2015 et 11 millions en 2020
14. Ces chiffres sont des ordres de grandeur et le niveau d'incertitude associé à leur calcul est élevé, mais ils donnent une idée de la matérialité du Web.
15. Épuisement des ressources naturelles non renouvelables, dérèglement climatique, érosion de la biodiversité, etc.

- 1500 TWh d'électricité, soit environ 215 millions de Français (3 fois la France);
- 1500 tonnes équivalent CO_2, soit environ 150 millions de Français (2 fois la France);
- 7,8 milliards de m³ d'eau, soit 145 millions de Français (2 fois la France).

Pour 4 milliards d'internautes, l'empreinte annuelle par internaute serait de l'ordre de :
- 368 kWh d'électricité;
- 364 kg de gaz à effet de serre;
- 1923 litres d'eau douce.

À titre de comparaison, 368 kWh d'électricité suffisent à alimenter 10 ordinateurs portables pendant 1 an.

Les impacts

Comme le rappellent l'ADEME (Agence de l'environnement et de la maîtrise de l'énergie)[16] et le CNRS (Centre national de la recherche scientifique)[17], l'épuisement des ressources non renouvelables et l'érosion de la biodiversité[18] constituent des impacts environnementaux tout aussi importants que le changement climatique. Ces impacts ont lieu à toutes les étapes du cycle de vie des équipements électroniques[19], notamment lors de leur fabrication[20].

Lors de l'utilisation, c'est la production d'électricité consommée par les internautes, le réseau, les centres de données et le refroidissement de ces derniers qui concentrent les impacts. En France, les impacts se matérialisent surtout par la consommation d'une grande quantité d'eau douce

16. ADEME, « Modélisation et évaluation des impacts environnementaux de produits de consommation et biens d'équipement », 2018
17. *Les impacts écologiques des technologies de l'information et de la communication*, EcoInfo, EDP Sciences, 2012
18. Via les pollutions induites par la fabrication et la fin de vie, notamment des composants électroniques
19. Fabrication (pour simplifier, on y inclut l'extraction et la transformation des matières premières), utilisation et fin de vie
20. Il faut considérer la fabrication de tous les constituants de l'infrastructure permettant de créer, transporter, afficher, manipuler et stocker les octets liés à Internet : bâtiment des centres de données, câbles et réseaux télécoms, équipements des internautes et mobinautes, etc.

et l'émission de déchets radioactifs. Les internautes représentent environ 50 % de l'électricité consommée sur la phase d'utilisation. Réseaux et centres informatiques se répartissent le reste[21]. En France où l'électricité est fabriquée à environ 80% dans des centrales nucléaires, les émissions de gaz à effet de serre sur la phase d'utilisation[22] sont plus faibles que dans la majorité des pays développés, mais la quantité d'eau douce et de déchets radioactifs est proportionnellement bien plus importante. En France, la production de chaque kWh électrique induit une perte[23] de 4 litres d'eau douce, essentiellement due au refroidissement par évaporation des centrales. Les centrales nucléaires françaises se situent dans la fourchette haute puisque la moyenne mondiale est plus proche de 2 litres.

Si la plupart des impacts ont lieu lors de la fabrication, c'est surtout en raison du grand nombre d'équipements (22 milliards) du côté des internautes. Bien que l'empreinte individuelle d'un ordinateur portable, d'un smartphone, ou d'une tablette soit plus faible que celle d'un serveur, ces équipements sont bien plus nombreux et leur durée de vie plus courte. Il y a en effet 300 fois plus d'équipements connectés du côté des internautes que de serveurs dans les centres de données. Et si la durée de vie d'un ordinateur de bureau est à peu près égale à celle d'un serveur, un smartphone ne « vit » que 18 à 24 mois contre 4 à 6 ans pour un serveur. Par ailleurs, les centres informatiques (bâtiments), les câbles sous-marins, les stations de base radio et les satellites ont une durée de vie de l'ordre de 20 à 30 ans et sont mutualisés par 4 milliards d'utilisateurs auxquels il faudra bientôt ajouter plus de 50 milliards d'objets connectés.

Les éditeurs de sites en première ligne

Bien qu'une grosse partie des impacts ait lieu chez les internautes, les éditeurs de sites web et de services en ligne demeurent les principaux concernés. En effet, ce sont eux qui sont les plus à même de lutter contre

21. GreenIT.fr, Frédéric Bordage, 2019.

22. Le principal gaz à effet de serre émis est la vapeur d'eau (H_2O), que l'on ne prend pas en compte dans les bilans GES (Gaz à Effet de Serre).

23. On parle de perte quand l'eau est utilisée en circuit ouvert, notamment pour refroidir les centrales. Comme l'eau s'évapore, le stock d'eau douce disponible est réduit d'autant car il faut que tout le cycle de l'eau ait à nouveau lieu pour recharger le stock.

le phénomène d'obsolescence programmée en proposant des sites et des services en ligne nécessitant peu de ressources (mémoire vive, bande passante, etc.) pour fonctionner. En réduisant cette « empreinte technique », les éditeurs de sites web et de services en ligne aident les internautes et mobinautes à conserver plus longtemps leurs équipements (ordinateurs, tablettes, etc.), et les centres de données à pérenniser leurs serveurs. Ce geste est le plus efficace pour réduire les impacts des internautes.

Cette prise de conscience nous amènera à réduire en priorité l'empreinte technique, c'est-à-dire la quantité de ressources informatiques physiques (*hardware*) - mémoire vive, processeur, carte graphique, bande passante, etc. - nécessaire au fonctionnement du site ou du service en ligne, tant du côté des internautes que du réseau et des centres informatiques. Le gros des économies d'énergie sera induit par l'allongement de la durée de vie des terminaux des internautes et la réduction du nombre de serveurs nécessaires au fonctionnement du site/service en ligne.

Même si elles sont intéressantes, les économies d'énergie sur la phase d'utilisation ne constituent pas un objectif prioritaire, mais une conséquence positive de la démarche. En effet, chercher en priorité à réduire la consommation électrique sur la phase d'utilisation reviendrait à passer à côté des principaux gisements d'économie d'énergie ! On économise par exemple plus d'énergie en réduisant le nombre de serveurs nécessaires (et donc les mètres carrés de centre informatique à construire, entretenir, refroidir, etc.) qu'en cherchant à optimiser la consommation électrique de chaque ligne de code.

L'écoconception web à la rescousse

Quatre éléments jouent un rôle prépondérant dans la dynamique de la répartition des impacts et de l'empreinte technique :

- le type de terminal utilisé : ordinateur fixe, portable, tablette, smartphone, console de jeux, télévision connectée, etc. et la taille de l'écran associé ;
- la durée de vie de ce terminal (et dans une moindre mesure des serveurs) ;
- le temps passé par l'internaute sur un site/service en ligne ;
- le type de connexion : filaire ou mobile.

Pour réduire l'empreinte d'un site web, nous allons jouer sur ces quatre leviers. L'objectif est de fournir un site web ou un service en ligne :

- nécessitant la plus petite configuration minimale requise côté internaute;
- monopolisant le moins longtemps possible le réseau et les serveurs;
- et nécessitant le moins de serveurs possible pour fabriquer les pages web.

L'idée de fond est de réduire :

- la puissance informatique nécessaire des deux côtés du réseau;
- donc la quantité de traitements et de données tout au long de la chaîne applicative (dont la bande passante);
- et le temps passé par l'internaute devant son terminal.

Contrairement à une démarche traditionnelle d'optimisation des performances qui relève de l'efficacité[24], l'écoconception est une démarche d'efficience. Elle vise à dépenser le moins possible de ressources pour atteindre un objectif. Il est en effet facile d'obtenir des performances élevées (par exemple un temps de réponse court) par une débauche de moyens : multiplication du nombre de serveurs ou quantité de mémoire vive par exemple. Mais ces moyens ont un coût écologique et économique.

> Écoconcevoir un site web consiste, à niveau de qualité et de service constant, à réduire la quantité de moyens informatiques et télécoms nécessaires, c'est-à-dire son empreinte matérielle.

Pour y parvenir, vous devez intervenir à chaque étape du cycle de vie du site web : expression du besoin, conception fonctionnelle, maquettage, conception graphique, conception technique, réalisation (développement, intégration, etc.), hébergement, maintenance évolutive et corrective. Il s'agit d'une démarche méthodologique qui respecte l'esprit du standard ISO 14062 sur *l'intégration des aspects environnementaux dans la conception d'un produit.* Nous ne réinventons pas la roue mais nous appuyons plutôt sur une démarche éprouvée par les industriels du monde entier.

24. Capacité à atteindre un objectif, quelle que soit la quantité de moyens mis en œuvre

Service numérique ou logiciel ?

L'écoconception vise à réduire des impacts environnementaux à service rendu équivalent. Seuls les matériels (*hardware*) ont un impact environnemental direct car les logiciels (*software*) n'existent pas dans le monde réel. En effet, ils sont matérialisés par l'état physique à un instant *t* des matériels sur lesquels ils s'exécutent : par exemple l'état des pistes magnétiques d'un disque dur, l'état des pixels d'un écran, l'état de la fibre optique qui transporte les octets d'un serveur vers un ordinateur, etc. Pour cette raison, il n'est pas possible d'écoconcevoir un logiciel seul, c'est-à-dire sans prendre en compte tous les équipements qui le matérialisent. Par ailleurs, sauf cas exceptionnel, un logiciel ne fonctionne pas seul : il a besoin d'autres logiciels pour fonctionner. Par exemple, votre navigateur s'exécute au-dessus d'un système d'exploitation.

Pour toutes ces raisons, l'écoconception, telle qu'elle est définie par le standard ISO 14062, porte nécessairement sur tous les matériels et logiciels qui constituent un service numérique. Un service numérique délivre un acte métier : réserver un billet de train, prendre rendez-vous chez un médecin, etc. C'est uniquement à l'échelle du service numérique dans son ensemble et en prenant en compte toutes les étapes de son cycle de vie que l'on peut écoconcevoir efficacement un site web.

Les cinq clés de l'écoconception

En se basant sur les principes de l'ISO 14062, il est possible de dégager cinq principes fondamentaux pour écoconcevoir un service numérique :

1. définir le service rendu, c'est-à-dire l'acte métier délivré. On parlera alors d'unité fonctionnelle : réserver un billet de train, prendre rendez-vous chez un médecin, lire un article, etc. ;
2. étudier le service de bout en bout, c'est-à-dire en prenant en compte tous les équipements physiques sous-jacents (terminaux, réseau, serveurs, etc.) ;
3. à toutes les étapes du cycle de vie (fabrication, utilisation, fin de vie) ;
4. en utilisant plusieurs indicateurs environnementaux (pour éviter les transferts de pollution) ;
5. dans une démarche d'amélioration continue : les plus gros leviers en premier, qu'ils soient métier, fonctionnels, UX, ergonomiques, techniques, etc.

Où porter l'effort dans le cas d'un site web?

Plus on écoconçoit tôt dans le cycle de conception et plus les leviers sont importants. 80% des gains ont lieu avant et après l'écriture du code. La règle à retenir est que «plus on intervient tôt, c'est-à-dire lors de l'expression du besoin, de la conception fonctionnelle et technique, et du maquettage, plus l'effet de levier est fort en termes de réduction de l'empreinte environnementale». Pour rappel, 80% des fonctionnalités demandées par les utilisateurs ne sont jamais ou rarement utilisées[25]. Microsoft rappelle de son côté que cinq fonctionnalités totalisent à elles seules 32 % de l'usage de Word 2003 et que l'affichage de 20% d'éléments en moins dans la page de résultat de son moteur Bing réduit jusqu'à 80% la charge de ses serveurs[26]. Autrement dit, la personne qui décide du nombre d'éléments à afficher dans une liste peut, à l'aide d'un simple chiffre, réduire ou augmenter la taille de l'infrastructure serveur de façon conséquente!

> Il est essentiel de comprendre que le travail de conception réalisé en amont aura un impact bien supérieur à l'optimisation minutieuse des lignes de code.

Il faut donc considérer l'expression du besoin, la définition de la couverture fonctionnelle et sa quantification précise comme les étapes critiques de la démarche d'écoconception. Même si elles sont difficiles à quantifier, ces étapes constituent à coup sûr les plus gros gisements d'économies, tant en matière d'impacts environnementaux qu'économiques.
D'autre part, le coût d'un logiciel (et donc d'un site web) est constitué à 70% par sa dette technique[27]. Pour réduire le coût d'un logiciel, il faut notamment avoir moins de lignes de code à maintenir.

Cela passe nécessairement par un travail en amont de simplification et d'élagage, puis par un travail sur la qualité et la maintenabilité du code.

---

25. Exceeding value, Standish Group, 2014
26. Jensen Harris, avril 2006, et étude Microsoft Research citée dans «Écoconception des services numériques» du Syntec Numérique, 2013
27. Constat vérifié sur de nombreux projets par la SSII D2SI

Autant d'actions qui réduisent mécaniquement les impacts environnementaux.

Heureusement, de nombreuses erreurs de conception et d'implémentation pourront être atténuées par une étape d'optimisation, par un hébergement intelligent, et par une exploitation attentive et fine.

Si toutefois le message n'était pas encore assez clair, nous le répétons une dernière fois : « concentrez-vous sur les étapes qui ont lieu avant et après le développement, et surtout pas uniquement sur le code qui ne constitue pas le principal levier ».

Les trois postures de l'écoconception numérique

La majorité des 115 bonnes pratiques que nous vous proposons dans la suite de cet ouvrage s'appuient sur les trois principes fondateurs[28] de l'écoconception de service numérique qui conduisent à l'efficience :

1. simplicité ;
2. frugalité ;
3. pertinence.

Simplicité

Le principe de simplicité stipule que chaque besoin exprimé est couvert par un ensemble cohérent de fonctionnalités regroupées dans une seule interface utilisateur homogène. On s'intéresse ici à l'organisation des fonctionnalités d'une application. C'est une démarche qualitative. L'objectif est de simplifier le service numérique/site web en découpant intelligemment la couverture fonctionnelle pour, *in fine*, éviter les « usines à gaz ». La simplicité de l'interface utilisateur (IHM) réduit alors l'effort pour utiliser le service numérique. On rejoint les démarches d'*expérience utilisateur (UX)*[29].

Pour illustrer ce principe, on peut comparer l'interface graphique de Yahoo.fr, qui concentre toutes les fonctionnalités proposées sur un seul

---

28. Frédéric Bordage, GreenIT.fr, 2010

29. L'utilisabilité, aussi appelée « usabilité » ou encore « aptitude à l'utilisation » est définie par la norme ISO 9241-11 comme « le degré selon lequel un produit peut être utilisé, par des utilisateurs identifiés, pour atteindre des buts définis avec efficacité, efficience et satisfaction, dans un contexte d'utilisation spécifié ».

écran (logique de portail), avec celle de Google.fr, qui propose un écran par fonctionnalité. Ce principe se traduit techniquement. Une même recherche sur Yahoo.fr est cinq fois plus lourde que sur Google.fr et nécessite treize fois plus d'allers-retours (requêtes HTTP) entre le navigateur de l'internaute et les serveurs du moteur de recherche.

Frugalité

La frugalité consiste à limiter la couverture et la profondeur fonctionnelles à leur strict minimum. C'est une démarche quantitative. On n'est plus dans l'organisation des fonctions, mais dans leur quantification. Par exemple, le nombre d'éléments affichés dans une liste doit être réduit au minimum, le taux de compression des images et le temps de réponse de l'application se limiter à ce qui est acceptable par l'utilisateur, etc. Ces seuils et ces quantités sont déterminés avec les utilisateurs qui sont encouragés à préciser un optimum ou un minimum, mais jamais un maximum (comme c'est encore trop souvent la règle). On évite ainsi la surqualité qui a un coût très élevé : infrastructure, coût opérationnel, dette technique, impacts environnementaux...

Pertinence

Le principe de pertinence peut être traduit par l'équation [pertinence] = [utilité] × [rapidité] × [accessibilité]. Si un résultat est très utile mais nécessite un temps d'attente trop long, l'utilisateur ne sera pas satisfait. Inversement, si un résultat est fourni rapidement mais n'est pas utilisable (parce que la réponse est faiblement corrélée à la question initiale, ou que l'interface est trop complexe, par exemple), il ne satisfera pas l'utilisateur. Idem en termes d'accessibilité : un résultat utile et fourni rapidement mais qui n'est pas exploitable car difficilement accessible (situation de handicap visuel, par exemple) ne peut pas être considéré comme pertinent. Qu'elle qu'en soit la raison, une interaction non pertinente oblige presque toujours l'internaute à refaire la manipulation... ailleurs. On est donc à près de 100 % d'octets inutiles.

> Au final, ces trois principes poussent à adopter une posture de **sobriété numérique**, extrêmement efficace pour réduire l'empreinte environnementale d'un site web.

Une démarche qui ne se limite pas à l'environnement

L'idée d'écoconcevoir des sites web et des services en ligne s'inscrit dans une démarche plus large de conception responsable de service numérique. La conception responsable répond aux trois enjeux du développement durable : préservation de l'environnement, augmentation de l'équité sociale et plus grande performance économique.

Dans cet ouvrage, nous ne traitons qu'une partie des actions à mettre en œuvre pour réduire les impacts environnementaux et économiques.

La performance sociale d'un service numérique s'exprime notamment au travers de son degré d'accessibilité et par sa capacité à réduire la fracture numérique, mais aussi par un ensemble d'autres facettes telles que l'éthique, le respect de la vie privée, etc. L'accessibilité numérique consiste à permettre à des personnes en situation de handicap (visuel, moteur, cognitif, etc.), temporaire ou permanent, d'utiliser le service numérique. On a coutume de dire que « Google est le plus grand des aveugles »[30]. Et vous êtes, chers lecteurs et lectrices, tous des handicapés. Un jour ou l'autre, vous risquez de vous casser une jambe, d'avoir une conjonctivite, d'enchaîner quelques nuits blanches après un heureux événement, etc. Vous vivrez alors temporairement avec un handicap. Sauf à vouloir se couper d'une partie de ses clients et prospects, l'accessibilité doit donc être intégrée comme une dimension normale d'un site web. Il y a donc à la fois un intérêt social et économique à inclure le public utilisateur le plus large possible. Par ailleurs, les bonnes pratiques d'accessibilité tendent, le plus souvent, mais pas systématiquement, vers l'efficience. Accessibilité et écoconception vont donc de pair. Nous avons choisi de ne pas traiter de l'accessibilité, car plusieurs référentiels internationaux (WCAG), nationaux (RGAA) et guides de bonnes pratiques (AcceDe Web[31]) existent déjà. Vous pouvez également vous reporter au livre *Accessibilité web* paru en 2012 aux éditions Eyrolles.

La fracture numérique est avant tout une fracture technique. C'est une situation qui se traduit par l'incapacité à utiliser un logiciel ou un service en ligne du fait des limites, notamment en termes de puissance, du matériel utilisé. Par exemple, un vieil ordinateur sera incapable d'afficher

---

30. Cité par Aurélien Levy, Temesis
31. *www.accede.info*

un site web trop complexe ou possédant trop de code JavaScript mal écrit. On associe souvent la fracture numérique à une fracture sociale. Mais un milliardaire perdu au fin fond de la Creuse sera lui aussi victime de la fracture numérique si une connexion 3G ne lui permet pas d'accéder facilement à sa banque en ligne via son smartphone. L'écoconception des sites web vise donc aussi à améliorer la qualité de service proposée aux utilisateurs, quels que soient leurs revenus.

L'ergonomie[32], la qualité[33] - notamment la question de la dette technique, soit environ 70% du coût global d'un logiciel -, et la performance[34] sont d'autres démarches complémentaires et souvent associées à l'écoconception. Elles sont, elles aussi, déjà bien couvertes par la littérature. Nous ne traitons donc pas de ces sujets, même s'ils sont intimement liés.

32. Voir *Ergonomie web (4e édition)* d'Amélie Boucher, Eyrolles, 2015
33. Voir *Qualité Web : Les bonnes pratiques pour améliorer vos sites* d'Elie Sloïm, Laurent Denis, Muriel de Dona et Fabrice Bonny, Temesis, 2012
34. Voir *Mémento - Performances web* d'Armel Fauveau et Lionel Pointet, Eyrolles, 2013

Présentation du livre

La plupart des bonnes pratiques regroupées dans ce référentiel ont été mises au point par des experts reconnus - Breek et GreenIT.fr - dans le cadre de la refonte du site web institutionnel de la Banque Cantonale de Fribourg (BCF.ch), fin 2011 et courant 2012. La mission était pilotée par GreenIT Consulting. Nous tenons à saluer la démarche citoyenne de la Banque Cantonale de Fribourg, qui a accepté de verser ce référentiel dans le domaine public, sous la forme de ce livre, afin que le plus grand nombre puisse y accéder. C'est une démarche exemplaire qu'il convient de souligner : sans cet élan initial, ce livre n'existerait pas.

Des bonnes pratiques consensuelles, issues du terrain

Avant d'être publiées dans cette troisième édition, les bonnes pratiques ont été validées par GreenIT.fr et Breek, puis par des contributeurs du Collectif conception numérique responsable, et finalement par nos partenaires institutionnels.

Chaque bonne pratique présentée ici a été éprouvée sur le terrain pendant plusieurs années, à l'échelle de milliards de pages web, par de nombreuses entreprises, le plus souvent sur des projets critiques constituant le cœur de leur activité. Parmi les organisations qui ont déployé ces bonnes pratiques ou sont en train de le faire, on peut citer l'ADEME, la Banque Cantonale de Fribourg, le groupe Solocal (pagesjaunes.fr, mappy.fr...), La Poste, IT-CE groupe BPCE, le WWF France ainsi que certains membres du Club Green IT et participants de l'opération GreenConcept.

Certaines bonnes pratiques ont été supprimées car elles n'étaient plus d'actualité et ont été remplacées par d'autres, jugées prioritaires ou à plus fort effet de levier environnemental. Cette troisième édition est donc le fruit d'un long travail de maturation et de consensus impliquant plusieurs dizaines d'experts du sujet.

À notre connaissance, il n'existe pas d'équivalent à ce référentiel. Cependant, vous retrouverez certaines des bonnes pratiques présentées dans ce livre dans des référentiels portant sur d'autres dimensions telles que la performance, la qualité, l'expérience utilisateur (UX/UI), etc. Il est logique et heureux que des recoupements existent entre ces démarches qui sont plus complémentaires que concurrentes.

Les auteurs et contributeurs du référentiel

Cette troisième édition du référentiel a été mise au point par GreenIT.fr avec la contribution de nombreux experts du Web (voir la liste exhaustive page 3). En plus des partenaires institutionnels historiques tels que Tech In France et l'Agit, l'ADEME et le Cigref, Réseau de Grandes Entreprises, l'AACC et le Syntec Numérique nous ont rejoint pour cette troisième édition. Le référentiel que nous vous proposons fait donc consensus.

GreenIT.fr est un cabinet de conseil en numérique responsable qui intervient partout en Europe pour accompagner de grandes entreprises privées et publiques sur des projets critiques. GreenIT.fr anime bénévolement le blog collaboratif *www.greenit.fr* ainsi que Collectif conception numérique responsable.

GreenIT consulting est le premier cabinet suisse de conseil en green IT. Il intervient sur différentes missions d'accompagnement telles que la réduction des volumes d'impression, l'efficience énergétique des data centers, la réalisation d'audits green IT, etc.
www.greenitconsulting.ch

Breek est une agence web spécialisée dans l'accompagnement des projets Internet des entreprises. Son expertise en matière de gestion de projet est présentée dans le livre *Conduite de projet web,* paru chez Eyrolles (6e édition publiée en 2011). Breek est également l'un des spécialistes français de Drupal.
www.breek.fr

L'**Association des Agences-Conseils en Communication** est un syndicat professionnel. Créé en 1972, il regroupe plus de 200 entreprises qui emploient près de 12 000 salariés. Fédération de métiers, l'AACC est organisée en

7 délégations de métier qui couvrent l'ensemble des disciplines de la profession dont le Digital. Elle dispose de commissions transversales qui accompagnent les agences membres sur des sujets fondamentaux dont le développement durable. L'AACC propose aux agences-membres des outils de sensibilisation en matière de RSE et de communication responsable. L'adhésion à l'AACC astreint, entre autres obligations, au respect de règles professionnelles strictes qui font la valeur du label AACC.
www.aacc.fr

L'**Alliance Green IT** (Agit) a pour mission de contribuer au débat public sur la place des TIC (Technologies de l'Information et de l'Éducation) dans le développement durable. Cette association s'est fixée pour objectifs d'éduquer les organisations aux enjeux des TIC écoresponsables, de participer à la création des futures normes et réglementations, de promouvoir les éco-innovations de rupture, de lutter contre le greenwashing, d'identifier et de partager les bonnes pratiques pour accélérer leur adoption.
www.alliancegreenit.org

Créé en 1970, le **Cigref**, Réseau de Grandes Entreprises, regroupe plus de 130 grandes entreprises et organismes français dans tous les secteurs d'activité (banque, assurance, énergie, distribution, industrie, services, etc.). Le Cigref a pour mission de « promouvoir la culture numérique comme source d'innovation et de performance ». Un groupe de travail a mis au point le document « Du green IT aux SI écoresponsables » qui explique comment mettre en œuvre une démarche de SI écoresponsable dans une grande organisation.
www.cigref.fr

Le **Club Green IT** regroupe les personnes en charge du Green IT et du numérique responsable dans les grandes entreprises françaises publiques et privées telles que Airbus, Decathlon, Engie, La Poste, Pôle emploi, la Société Générale, la SNCF, RTE, l'université de La Rochelle, etc. Tous les membres du Club Green IT apportent leur soutien à cette troisième édition. Certains ont déjà déployé ou sont en cours de déploiement de ce référentiel. La criticité et les volumétries très importantes des projets (de plusieurs centaines de millions et des milliards de visites annuelles) permettent de valider *in situ* la pertinence des bonnes pratiques proposées.
club.greenit.fr

Collectif conception numérique responsable regroupe depuis 2011 les principaux acteurs de l'écoconception de services numériques. Il propose les outils de référence pour écoconcevoir un service numérique et évaluer sa performance environnementale. Tous ces outils sont coconçus et maintenus par un ensemble de contributeurs. Ils sont gratuits et ouverts. Le collectif assure également la liaison avec les autres communautés : éthique, accessibilité, qualité, UX, etc., pour intégrer toutes ces démarches dans un seul processus homogène : la conception numérique responsable.
collectif.greenit.fr

Syntec Numérique est l'organisation professionnelle des Entreprises de services du numérique (ESN), des éditeurs de logiciels et des sociétés de conseil en technologies. Elle regroupe plus de 2 000 entreprises adhérentes qui réalisent 80 % du chiffre d'affaires total du secteur (56,3 milliards d'euros de chiffre d'affaires, 474 000 employés dans le secteur). Syntec Numérique est depuis longtemps attentive au sujet de l'écoconception et a été la première organisation professionnelle du numérique à travailler sur ce sujet, notamment au sein du comité Développement durable pour l'amélioration du bilan écologique des nouvelles technologies et la promotion du numérique comme levier du développement responsable. Dans ce cadre, elle a produit dès 2007, sept livres verts sur l'écoconception des logiciels et services numériques.
www.syntec-numerique.fr

Tech In France (ex Afdel) regroupe plus de 400 sociétés : de grands acteurs nationaux, dont les tout premiers, mais aussi internationaux et surtout de nombreuses PME de toutes tailles et start-ups très innovantes. Elle est le porte-parole de référence de la profession. TechIn France travaille sur le sujet de l'écoconception au sein de sa commission « Green Software ».
www.techinfrance.fr

Comment utiliser ce recueil de bonnes pratiques ?

Afin de faciliter la lecture de ce référentiel, chaque bonne pratique est présentée sous la forme d'une fiche descriptive, illustrée par un exemple concret quand cela est possible.

Ces fiches sont classées en fonction de :

- l'étape du cycle de vie du site web : conception, templating, code, hébergement, production du contenu... ;
- la technologie impliquée : HTML, JavaScript, CSS, SQL, etc.

Sur chaque fiche sont indiqués :

- le degré de priorité de la bonne pratique (prioritaire, conseillé, non prioritaire) et le niveau d'écoconception susceptible d'être atteint en mettant en œuvre cette bonne pratique ;
- la difficulté/facilité de mise en œuvre ;
- sa capacité à réduire les impacts environnementaux du site web.

Mise en œuvre

ÉCHELLE	SIGNIFICATION
MISE EN ŒUVRE DIFFICILE	La mise en œuvre de cette bonne pratique nécessite un niveau d'expertise élevé, suppose un certain temps de développement, ou passe par un point complexe à gérer. Sa réalisation n'est pas à la portée de tous les prestataires.
MISE EN ŒUVRE STANDARD	N'importe quel prestataire spécialisé dans la conception et le développement de sites web peut mettre en œuvre cette bonne pratique.
MISE EN ŒUVRE FACILE	La mise en œuvre de cette bonne pratique est rapide, sans risques, et ne nécessite pas d'expertise particulière.

Impact écologique

ÉCHELLE	SIGNIFICATION
IMPACT ÉCOLOGIQUE FORT	Cette bonne pratique possède un potentiel élevé de réduction de l'empreinte technique (et donc écologique et économique).
IMPACT ÉCOLOGIQUE MOYEN	Cette bonne pratique possède un potentiel moyen de réduction de l'empreinte technique (et donc écologique et économique).
IMPACT ÉCOLOGIQUE FAIBLE	Cette bonne pratique permet d'économiser des ressources (par exemple, des cycles CPU), mais l'impact écologique résultant est minime.

Chaque fiche mentionne également, sous forme d'icônes, les différentes ressources techniques économisées grâce à la bonne pratique.

Ressources économisées

ICÔNE	SIGNIFICATION
PROCESSEUR	La diminution des besoins CPU permet également d'allonger la durée de vie des terminaux. Pour réduire la consommation électrique et donc les émissions de gaz à effet de serre, la consommation d'eau et les déchets radioactifs associés, il faut diminuer le nombre de cycles processeur (cycles CPU) nécessaires à la réalisation d'un traitement. À performance égale, plus le nombre de cycles est faible, meilleure est l'écoconception.

MÉMOIRE VIVE	Plus un site web requiert de mémoire vive pour son fonctionnement, plus son empreinte environnementale est importante. La diminution des besoins en mémoire vive permet d'allonger la durée de vie active des équipements (ordinateurs, serveurs, terminaux mobiles) et donc de limiter la quantité de déchets électroniques associés.
STOCKAGE	Avec l'augmentation de la taille des données, le stockage est le composant du data center dont les impacts augmentent le plus vite.
RÉSEAU	La bande passante nécessaire au fonctionnement du site web a un impact sur les performances et l'empreinte écologique. Plus elle est faible, plus le site est rapide et son empreinte écologique limitée.
REQUÊTES	Même s'il ne s'agit pas d'une ressource physique en tant que telle, le nombre de requêtes (HTTP, SQL, etc.) nécessaires au fonctionnement du site web dimensionne en partie les besoins en ressources physiques. C'est donc un indicateur technique clé pour mesurer l'impact de la couche logicielle sur l'infrastructure physique.

Évaluer le niveau d'écoconception de mon site web ou de mon service en ligne

À la demande de grandes entreprises françaises, et de nombreux lecteurs et lectrices des deux premières éditions du livre, nous proposons dans cette troisième édition un système permettant d'évaluer le niveau d'écoconception atteint par un site web ou un service en ligne.

Ce dispositif permet de juger d'un niveau de maturité, mais pas d'un niveau de performance ou d'efficience. Pour évaluer l'empreinte et la performance environnementale d'un site web, nous vous conseillons d'utiliser le service *www.ecoindex.fr*.

Bien que tous les ingrédients soient réunis pour faire de ce système d'évaluation un écolabel, ce n'en est pas un. En effet, un label nécessite une lourde infrastructure humaine, juridique et technique pour garantir l'impartialité, la pertinence, et la transparence de l'analyse conduisant à l'obtention d'un label.

À ce jour (mars 2019), aucun organisme de certification ne propose ce type de labellisation pour les logiciels, sites web et autres services numériques. Attention donc aux pseudo-organismes et associations qui ne manqueront pas de vous en proposer. Si vous êtes un organisme de normalisation et/ou de certification et que vous souhaitez créer un écolabel d'écoconception de sites web et services en ligne, contactez-nous sur *collectif@greenit.fr*.

Pour vous simplifier la vie, nous avons associé à chaque bonne pratique un niveau de priorité : prioritaire, conseillé, ou non prioritaire. En fonction du nombre de bonnes pratiques mises en œuvre dans chaque catégorie, vous obtenez un niveau de maturité.

Niveau de maturité

ÉCHELLE	SIGNIFICATION
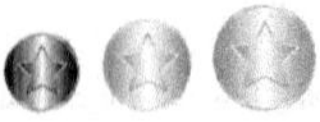 BRONZE - NIVEAU 1 A ENGAGÉ	Ce premier niveau de maturité est le plus difficile à atteindre. Il distingue une démarche exemplaire et un engagement que la majorité des sites web et services en ligne n'ont pas encore. Les bonnes pratiques qui permettent d'atteindre le niveau Bronze sont celles qui ont le plus gros effet de levier pour réduire les impacts environnementaux. Elles sont faciles ou peu difficiles à mettre en œuvre, et leur capacité à réduire les impacts environnementaux et économiques est toujours élevée. Comme aux Jeux olympiques, le niveau Bronze témoigne d'une maturité très au-dessus de la moyenne. Il s'agit du niveau le plus difficile à atteindre car il nécessite une démarche volontaire. Une fois ce premier niveau obtenu, les niveaux Argent et Or sont, proportionnellement, moins difficiles à atteindre.

ÉCHELLE	SIGNIFICATION
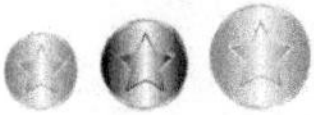 ARGENT - NIVEAU 2 AA CONFIRMÉ	Ce second niveau témoigne d'une maturité et d'un engagement importants sur la problématique. Les bonnes pratiques associées ont un effet de levier fort à moyen en termes de réduction d'impact, mais elles nécessitent une expertise technique supérieure.
 OR - NIVEAU 3 AAA EXEMPLAIRE	Ce niveau est le plus haut niveau de maturité. Il nécessite un engagement fort et de fond sur la problématique. Les bonnes pratiques associées ont un effet de levier moyen à faible, tout en nécessitant souvent une expertise technique et/ou un investissement conséquent. La mise en œuvre de ces bonnes pratiques constitue une démarche exemplaire.

L'évaluation du niveau global atteint par le site web ou le service en ligne s'effectue simplement en dénombrant les bonnes pratiques mises en œuvre. Chaque bonne pratique prioritaire donne 3 points, conseillée 2 points, et non prioritaire 1 point. Il suffit ensuite de diviser le score obtenu par le score maximum possible (259) pour obtenir une note sur 100. Ce système permet de tenir compte des situations particulières de chaque projet. En effet, pour des raisons stratégiques, politiques, techniques ou économiques, il est souvent difficile de mettre en œuvre toutes les bonnes pratiques, théoriquement adaptées à la situation. Ce dénombrement s'effectue manuellement, car aucun outil ne permet d'effectuer automatiquement un contrôle, exhaustif et de qualité. Certains outils, notamment *Ecometer.org* peuvent vous aider à détecter automatiquement la mise en œuvre (ou non) de quelques dizaines de bonnes pratiques. Cependant, pour obtenir une évaluation fiable, une analyse globale, réalisée par un expert indépendant, est indispensable pour valider cette mesure.

Le Collectif conception numérique responsable propose un référentiel de conformité afin que tout le monde valide la mise en œuvre d'une bonne pratique de la même façon. Ce référentiel associe à chaque bonne pratique une règle de test et un seuil à atteindre. Vous pouvez retrouver ce référentiel de conformité sur le site *collectif.greenit.fr*.

NIVEAU	AUTRES NOMS	SCORE À ATTEINDRE
Bronze	Engagé Niveau 1 A	45 %
Argent	Confirmé Niveau 2 AA	55 %
Or	Exemplaire Niveau 3 AAA	70 %

On atteint le niveau « Bronze » avec un score de 45 %, le niveau « Argent » avec un score de 55 % et le niveau « Or » avec un score de 70 %.

Ce système d'évaluation vise deux objectifs :
- vous permettre d'évaluer objectivement le niveau de maturité atteint ;
- vous encourager à progresser au fil des nouvelles versions de vos sites web/services numériques.

Nous vous tiendrons régulièrement informé de l'évolution de ce système d'évaluation sur *collectif.greenit.fr*.

Pour aller plus loin

Cet ouvrage répertorie les 115 principales bonnes pratiques en matière d'écoconception web. Si vous souhaitez en proposer d'autres, ou simplement nous faire part de vos remarques, nous vous donnons rendez-vous sur le site *www.ecoconceptionweb.com*. Comme cette troisième édition, la quatrième édition du livre tiendra compte de vos retours. Et les principaux contributeurs seront remerciés et clairement identifiés dans les premières pages du livre.

Outils complémentaires

De nombreux outils complémentaires à ce référentiel sont disponibles sur le site du Collectif conception numérique responsable à cette adresse : *https://collectif.greenit.fr/outils.html*.

EcoIndex

Cet algorithme évalue l'empreinte et la performance environnementale d'une URL. Il est disponible sous la forme d'une extension pour Firefox et d'un service en ligne : *www.ecoindex.fr*.

Ecometer.org

Ce service en ligne détecte automatiquement 15 bonnes pratiques sur les 115 du référentiel. Mais sa licence open source vous permet d'ajouter des règles de test pour autant de bonnes pratiques que vous le souhaitez. La couverture de l'outil devrait donc s'améliorer. Elle dépend directement de votre contribution.

Conformité

Le Collectif conception numérique responsable propose un référentiel de conformité qui complète chaque bonne pratique de ce livre par une règle de test et un seuil permettant de valider la bonne pratique lors de votre audit. Vous retrouverez ce référentiel de conformité avec la boîte à outils du collectif.

De nombreux autres outils sont regroupés et présentés ici : *collectif.greenit.fr/outils.html*.

Les 115 bonnes pratiques

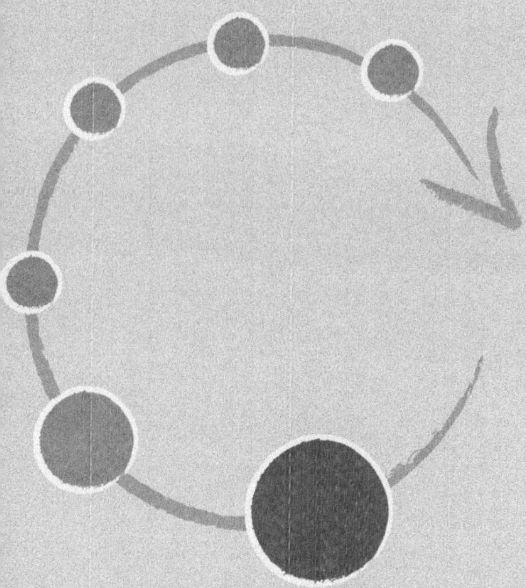

Conception

Les étapes précédant la phase de développement sont celles qui ont le plus gros effet de levier en termes de réduction des impacts environnementaux et économiques, tout simplement parce qu'il ne sert à rien d'optimiser le code d'une fonctionnalité qui n'est pas utilisée. Or 70 % des fonctionnalités demandées par les utilisateurs ne sont jamais, ou rarement, utilisées. Le geste clé de l'écoconception web consiste donc à épurer au maximum la couverture et la profondeur fonctionnelle, pour ne garder que l'essentiel.

Cette frugalité doit également se traduire au niveau de l'interface graphique et des interactions homme-machine (IHM) : plus l'interface sera sobre et épurée, plus elle sera, a priori, facile à comprendre et à manipuler. Un dialogue est nécessaire entre les utilisateurs, les concepteurs du site et les profils techniques chargés de le réaliser puis de l'héberger.

Enfin, l'architecture technique doit privilégier l'efficience. Cela passe notamment par le fait d'accepter d'abandonner le « tout dynamique ». De grandes portions des sites web sont statiques : pourquoi les recalculer à chaque fois qu'une page est appelée ? Un dialogue est donc indispensable entre les architectes, les développeurs, et les personnes chargées d'optimiser la mise en cache.

Lors de cette étape, les bonnes pratiques consistent à épurer au maximum le futur site web, à favoriser sa modularité, et à choisir une architecture et des technologies adaptées.

Bonne pratique n° 1

Éliminer les fonctionnalités non essentielles

PRIORITAIRE	MISE EN ŒUVRE DIFFICILE	IMPACT ÉCOLOGIQUE FORT

RESSOURCES ÉCONOMISÉES

Plusieurs études (Cast Software et Standish Group, notamment) démontrent que 70 % des fonctionnalités demandées par les utilisateurs ne sont pas essentielles et que 45 % ne sont jamais utilisées.

En réduisant la couverture et la profondeur fonctionnelle de l'application, on abaisse son coût de développement initial, sa dette technique et les impacts environnementaux associés. On diminue donc ainsi mécaniquement l'infrastructure nécessaire à son exécution. Par ailleurs, à niveau ergonomique constant, plus l'application est pauvre fonctionnellement, plus elle sera simple à utiliser. Il faut donc réduire le plus possible la couverture fonctionnelle de l'application, en la centrant sur le besoin essentiel de l'utilisateur.

Si l'application est déjà développée, il faut mesurer le taux d'utilisation des fonctionnalités et, si l'architecture applicative le permet, désactiver, désinstaller ou supprimer les fonctionnalités non utilisées.

Exemple

Les succès récents du Web - Google, Twitter, WhatsApp, Pinterest, Instagram, etc. - fournissent un seul service et misent sur une grande sobriété fonctionnelle.

Plus sobre fonctionnellement, l'interface de Google est aussi deux fois plus légère à télécharger que celle de Yahoo!.

Bonne pratique n° 2

Quantifier précisément le besoin

PRIORITAIRE	MISE EN ŒUVRE DIFFICILE	IMPACT ÉCOLOGIQUE FORT

RESSOURCES ÉCONOMISÉES

Les « mensurations » de chaque fonctionnalité doivent être définies précisément et dans leur ensemble. Il peut s'agir d'un taux de compression pour les images de l'interface graphique, du temps de réponse maximum pour une requête HTTP, du nombre d'items affichés dans une liste, etc.

Plus les « mensurations » et exigences associées à chaque fonctionnalité collent au métier, plus on évite la surqualité. La logique doit donc être inversée par rapport aux habitudes actuelles. Si une information n'est pas précisée, c'est le niveau de qualité ou la quantité minimale qui est proposé. Par exemple, en l'absence de précision, le nombre d'items d'une liste est limité à 5 éléments ou au nombre maximal affichable sur le plus petit écran cible de l'application.

Exemple

Gain potentiel : en jouant sur le nombre d'items affichés sur la page de résultats de son moteur de recherche Bing, Microsoft Research a démontré qu'il était possible de réduire jusqu'à 80 % l'infrastructure physique (nombre de serveurs) sous-jacente.

Fluidifier le processus

CONSEILLÉ	MISE EN ŒUVRE STANDARD	IMPACT ÉCOLOGIQUE MOYEN

RESSOURCES ÉCONOMISÉES

Le temps passé par l'utilisateur sur un site web ou un service en ligne est le facteur le plus déterminant pour réduire ou augmenter l'empreinte environnementale de ce site. Autrement dit, moins l'utilisateur passe de temps sur le site ou service en ligne, plus on réduit les impacts environnementaux associés.

Il faut donc veiller à réduire au minimum le nombre d'écrans, d'étapes et d'interactions inutiles, sans pour autant créer des écrans trop riches et complexes, qui seraient alors contre-productifs.

Exemple

Si le processus en ligne commence par un e-mail et qu'il implique la fourniture de pièces justificatives par l'internaute, on demandera ces pièces dans l'e-mail avant que l'internaute ne se connecte. Il peut ainsi les préparer avant de démarrer la session web, et compléter ainsi le processus en ligne en une seule session au lieu de deux.

Gain potentiel : jusqu'à deux fois moins de gaz à effet de serre émis, selon le type et la durée du processus.

Préférer la saisie assistée à l'autocomplétion

PRIORITAIRE	MISE EN ŒUVRE FACILE	IMPACT ÉCOLOGIQUE FORT
👍 👍 👍	⚙ ⚙ ⚙	🍃 🍃 🍃

RESSOURCES ÉCONOMISÉES ⇄

Le complètement automatique (autocomplétion) guide les utilisateurs en complétant automatiquement la fin du texte saisi dans un champ. Cette fonctionnalité est parfois très pratique pour éviter des erreurs ou suggérer un axe de recherche, mais elle nécessite des allers-retours incessants entre le navigateur et le serveur (malgré la possibilité de « caper » les échanges). Le navigateur envoie en effet chaque nouveau caractère ou mot saisi au serveur, qui lui renvoie un texte pour compléter la saisie de l'utilisateur. Le volume de données échangées est très faible, mais il sollicite beaucoup les serveurs et le réseau en termes de requêtes.

Dans la mesure du possible, cette fonctionnalité est à éviter et à remplacer si possible par la saisie assistée. Cela consiste à guider l'utilisateur par un ensemble d'informations et d'indices (présentation du format attendu en grisé dans le champ de saisie, réaction de l'interface avec un message d'erreur, une aide lorsque la saisie est incorrecte...). Les interactions liées à la saisie assistée sont gérées localement, ce qui réduit les échanges avec le serveur.

Exemple

Gain potentiel : à chaque fois que l'on utilise la saisie assistée pour une fonctionnalité, plutôt que l'autocomplétion, on réduit le nombre de requêtes associées par un facteur 10.

Bonne pratique n° 5

Favoriser un design simple, épuré et adapté au Web

PRIORITAIRE	MISE EN ŒUVRE STANDARD	IMPACT ÉCOLOGIQUE FORT

RESSOURCES ÉCONOMISÉES

Exploiter les fonctionnalités d'HTML5 et de CSS3 pour concevoir le design d'un site. Il ne faut surtout pas imaginer un site sans prendre en compte les contraintes techniques, puis essayer de le réaliser.

Exemple

Proposer des dégradés de couleurs, un style de coins arrondis, etc., qui puissent être réalisés en CSS3 au lieu de nécessiter des images.

```
/* Exemple de bords arrondis */
.box_round {
  -webkit-border-radius: 12px; /* Saf3-4, iOS
1-3.2, Android ≤1.6 */
          border-radius: 12px; /* Opera 10.5, IE9,
Saf5, Chrome, FF4+, iOS 4, Android 2.1+ */
  /* useful if you don't want a bg color from
leaking outside the border: */
  -moz-background-clip: padding; -webkit-background-
clip: padding-box; background-clip: padding-box;
}

/* Exemple d'ombre sous la boite */
.box_shadow {
  -webkit-box-shadow: 0px 0px 4px 0px #ffffff; /*
Saf3-4, iOS 4.0.2 - 4.2, Android 2.3+ */
          box-shadow: 0px 0px 4px 0px #ffffff; /*
Opera 10.5, IE9, FF4+, Chrome 6+, iOS 5 */
}
```

Imaginer des bandeaux, headers, etc., de sorte que le texte, les fonds de couleur, etc. soient réalisables en HTML/CSS. Pour plus d'exemples, voir :

http://css3please.com

Bonne pratique n° 6

Préférer l'approche « mobile first » ou, à défaut, RESS plutôt que RWD

CONSEILLÉ	MISE EN ŒUVRE DIFFICILE	IMPACT ÉCOLOGIQUE FORT

RESSOURCES ÉCONOMISÉES

Lorsque le contexte le permet, privilégier l'approche « mobile first » qui consiste à concevoir un site/service en ligne pour les terminaux mobiles.

Et n'élargir sa couverture fonctionnelle pour de plus grands écrans que si l'apport fonctionnel/ergonomique est justifié. Dans ce cas, opter alors pour l'architecture *Responsive Design + Server Side Components* (RESS). Cette architecture reprend les principes RWD (adaptation automatique de l'interface au contexte d'utilisation) mais sélectionne côté serveur les ressources qui seront envoyées au terminal. On s'assure ainsi de ne pas consommer inutilement de la bande passante, ni de trop solliciter le processeur et la mémoire du terminal pour des traitements inutiles. Il s'agit de pousser à l'extrême la bonne pratique qui consiste à fournir du code spécifique à un navigateur en particulier.

Parmi les solutions clés en main, RESS.io automatise la mise en œuvre de bonnes pratiques responsive orientées efficience, comme servir des images redimensionnées pour les petits écrans, compresser automatiquement (en gzip) les pages et les ressources CSS et JavaScript en sortie de serveur HTTP, fusionner les feuilles de styles, etc.

Exemple

La mise en place d'une architecture RESS plutôt qu'une approche responsive design standard (RWD) peut aller jusqu'à diviser par 4 la bande passante consommée, pour de meilleurs temps de réponse. Plus la taille de l'écran est petite, plus l'approche RESS sera intéressante.

Bonne pratique n° 7

Respecter le principe de navigation rapide dans l'historique

CONSEILLÉ	MISE EN ŒUVRE STANDARD	IMPACT ÉCOLOGIQUE FORT

RESSOURCES ÉCONOMISÉES

Les navigateurs possèdent une fonction de navigation rapide dans l'historique (boutons Page précédente et Page suivante). Grâce à cette fonction, il n'est pas nécessaire de redemander la page au serveur, puis de la recharger. On évite ainsi de consommer inutilement de la bande passante et de générer des requêtes HTTP supplémentaires.

Par conséquent, ne pas prévoir d'éléments qui rendent la page inutilisable après l'avoir quittée.

Exemple

Éviter :

- les boutons de formulaire qui se désactivent lors de la soumission ;
- les menus qui ne fonctionnent plus après un clic ;
- les effets JavaScript qui font disparaître le contenu de la page lorsqu'on la quitte.

Bonne pratique n° 8

Proposer un traitement asynchrone lorsque c'est possible

CONSEILLÉ	MISE EN ŒUVRE STANDARD	IMPACT ÉCOLOGIQUE MOYEN

RESSOURCES ÉCONOMISÉES

Lorsque l'interaction avec l'utilisateur induit un traitement lourd et long côté serveur, proposer un traitement asynchrone lorsque c'est possible. L'idée est d'encourager l'utilisateur à déclencher le traitement, puis à se reconnecter quand celui-ci est terminé ; par exemple, via la réception d'un e-mail contenant un lien.

Cette approche permet de réaliser des traitements par lots (batchs), souvent plus efficients en ressources que des traitements synchrones à la volée. On libère ainsi les serveurs de présentation, qui peuvent prendre en charge d'autres internautes pendant que le traitement s'effectue en mode asynchrone côté serveur.

Exemple

Dans le cas d'un service en ligne de conversion de documents bureautiques, inciter l'utilisateur à déposer ses fichiers en une seule fois, puis l'avertir par e-mail lorsque le traitement est terminé. Pour optimiser le processus, l'ensemble des fichiers peut être regroupé et compressé dans une archive.

Limiter le nombre de requêtes HTTP

PRIORITAIRE	MISE EN ŒUVRE STANDARD	IMPACT ÉCOLOGIQUE FORT

RESSOURCES ÉCONOMISÉES

Le temps de chargement d'une page côté navigateur est directement corrélé au nombre de fichiers que le navigateur doit télécharger, et au poids unitaire de chaque fichier.

Pour chaque fichier, le navigateur émet un GET HTTP vers le serveur. Il attend sa réponse, puis télécharge la ressource dès qu'elle est disponible. Selon le type de serveur web que vous utilisez, plus le nombre de requêtes par page est important, moins vous pourrez servir de pages par serveur. Diminuer le nombre de requêtes par page est crucial pour réduire le nombre de serveurs HTTP nécessaires au fonctionnement du site, et donc les impacts environnementaux associés.

De nombreuses approches permettent de réduire le nombre de requêtes par page :

- combiner les fichiers statiques : bibliothèques CSS et JavaScript, notamment (voir la bonne pratique n° 81) ;
- utiliser un sprite CSS (voir la bonne pratique n° 23) pour regrouper les images de l'interface ;
- préférer les glyphes aux images (voir la bonne pratique n° 18) et plus généralement les images vectorielles aux matricielles ;
- mettre en cache navigateur tout ce qui peut l'être.

Exemple

Gain potentiel : réduction de la charge serveur, donc du nombre d'équipements nécessaires - de leur empreinte environnementale et économique -, des serveurs HTTP jusqu'aux serveurs d'applications et aux SGBD/R.

Bonne pratique n° 10

Stocker localement les données statiques

PRIORITAIRE	MISE EN ŒUVRE STANDARD	IMPACT ÉCOLOGIQUE FORT

RESSOURCES ÉCONOMISÉES

L'une des grandes nouveautés de HTML 5 est la possibilité de stocker localement des données structurées sous différentes formes : paires valeurs-clés (Web Storage), base de données relationnelle SQL (IndexedDB), et la mise en cache applicatif (Service Workers).

L'intérêt du stockage local est double. D'une part, on évite les allers-retours inutiles avec le serveur, ce qui économise des ressources et du temps de réponse. D'autre part, comme les données sont locales, il est plus facile et plus rapide de les manipuler au sein de l'interface.

À l'heure où nous écrivons ces lignes (juillet 2015), le support par les dernières versions des navigateurs de Web Storage est total et celui de IndexedDB est bon. On peut consulter le site *www.caniuse.com*, très utile pour tester l'avancée du support de chacune de ces approches par les navigateurs.

Exemple

Gain potentiel : réduction de la charge serveur, donc du nombre d'équipements nécessaires (de leur empreinte environnementale et économique), des serveurs HTTP jusqu'aux mainframes.

Utiliser un framework ou développer sur mesure

CONSEILLÉ	MISE EN ŒUVRE DIFFICILE	IMPACT ÉCOLOGIQUE FORT

RESSOURCES ÉCONOMISÉES

Utiliser un framework ou un développement sur mesure, afin de bénéficier d'une plus grande liberté dans l'optimisation de certains processus. Les CMS sont en effet plus contraignants et imposent des fonctionnements parfois gourmands en ressources pour atteindre leur principal objectif, la souplesse.

Ainsi, pour la gestion de ses modules, le CMS Drupal utilise un système de « hook », qui repose sur une convention de nommage des fonctions contenues dans ces modules. Mais tester l'existence de fonctions est un processus qui consomme des ressources. Tandis que les développements sur mesure n'ont pas à « découvrir » l'existence de fonctions puisqu'elles sont déjà connues.

Exemple

Éviter ce type d'implémentation lorsque c'est possible :

```
<?php
foreach ($list as $module) {
  if (function_exists($module .'_'. $hook)) {
    // Do some stuff here...
  }
}
?>
```

Limiter le recours aux plug-ins

PRIORITAIRE	MISE EN ŒUVRE FACILE	IMPACT ÉCOLOGIQUE MOYEN

RESSOURCES ÉCONOMISÉES

Éviter d'utiliser des plug-ins (Flash Player, machines virtuelles Java et Silverlight, etc.), car certains consomment beaucoup de ressources (cycles CPU et mémoire vive). C'est notamment le cas du Flash Player d'Adobe, à tel point qu'Apple a décidé de ne pas installer cette technologie sur ses terminaux mobiles afin de garantir une meilleure autonomie. Préférer les technologies standards comme HTML5, ECMAScript, etc.

Exemple

Pour réaliser un back office basé sur du *drag and drop*, préférer l'utilisation de jQuery à celle de Flash.

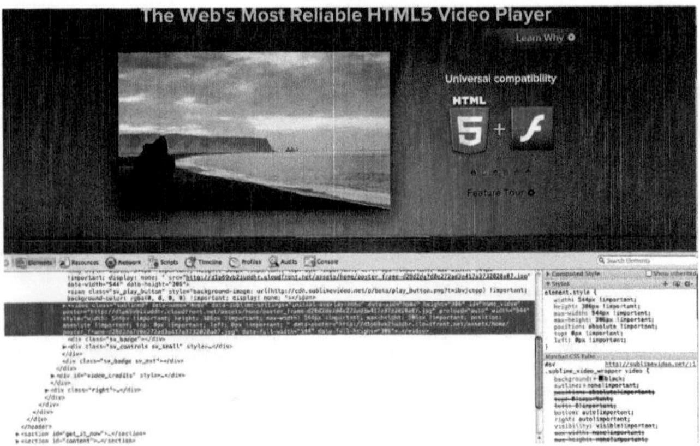

Les navigateurs compatibles HTML5 peuvent lire nativement des vidéos afin d'éviter l'utilisation d'un plug-in (source : Jilion).

Favoriser les pages statiques

CONSEILLÉ	MISE EN ŒUVRE DIFFICILE	IMPACT ÉCOLOGIQUE FORT

RESSOURCES ÉCONOMISÉES

Si une page ne doit être modifiée que deux fois par an, préférer des pages statiques, construites en dehors du CMS. Cela permettra d'économiser des cycles CPU, de la bande passante, et réduira la consommation électrique.

L'utilisation d'un système de gestion de contenu dynamique requiert en effet de charger les différentes couches logicielles pour servir le contenu demandé par l'internaute : le serveur HTTP, le serveur d'applications, le système de stockage du contenu (base de données), éventuellement les systèmes de cache associés, etc. En revanche, un fichier statique est directement lu et renvoyé à l'internaute par le serveur HTTP ou le serveur de cache, sans solliciter le serveur d'applications ou la base de données.

Pour aller plus loin

La JAMstack (Javascript, APIs, Markup) est une architecture de plus en plus populaire qui permet de générer facilement et d'héberger des sites statiques professionnels à partir d'outils tels que Netlify, Gatsby, Contentful, Nuxt, etc.

Les sites à visiter :

- https://www.staticgen.com/
- https://jamstatic.fr/
- https://jamstack.wtf/

Créer une architecture applicative modulaire

PRIORITAIRE	MISE EN ŒUVRE STANDARD	IMPACT ÉCOLOGIQUE MOYEN

RESSOURCES ÉCONOMISÉES

L'architecture modulaire popularisée par les logiciels open source apporte souvent une plus grande capacité à monter en charge, des coûts réduits de maintenance corrective et évolutive, ainsi qu'un code plus efficient.

Si la couverture fonctionnelle du site web ou du service en ligne peut être amenée à évoluer, mieux vaut implémenter les fonctionnalités de base dans un noyau et les compléter au besoin par des extensions.

Cette approche est valable à tous les niveaux de granularité, pour un développement sur mesure comme pour le choix d'un serveur HTTP ou d'un CMS.

Exemple

Les logiciels open source les plus efficients, comme nginX, Apache, MySQL ou PHP, reposent sur cette architecture modulaire.

Bonne pratique n° 15

Choisir les technologies les plus adaptées

PRIORITAIRE	MISE EN ŒUVRE DIFFICILE	IMPACT ÉCOLOGIQUE FORT

RESSOURCES ÉCONOMISÉES

Le choix des technologies étant primordial pour optimiser les ressources, sélectionner l'outil le plus économe en fonction de ses besoins et de ses contraintes métier.

Voici les cinq grandes familles de solutions disponibles, classées de la plus à la moins performante en termes de green IT :

- site statique (réalisé avec un logiciel spécialisé tel que Dreamweaver, ou avec un éditeur de code) ;
- site généré (par exemple avec Jekyll, outil basé sur Ruby qui apporte des systèmes d'inclusion de templates, des mécanismes de génération d'URL, etc.) ;
- site dynamique développé sur mesure (avec PHP, J2EE, .NET, etc.) ;
- site dynamique développé sur mesure avec un framework (de type Symfony) ;
- site dynamique développé avec un CMS (comme Drupal, Joomla!, Jahia, etc.).

En effet, plus la solution retenue est « packagée », plus elle empile des couches d'abstraction qui dégradent la performance.

Exemple

Un système de tchat sera bien plus performant et économique s'il est développé en JavaScript via Node.js qu'avec une solution PHP.

Bonne pratique n° 16

Utiliser certains forks applicatifs orientés « performance »

PRIORITAIRE	MISE EN ŒUVRE DIFFICILE	IMPACT ÉCOLOGIQUE FORT

RESSOURCES ÉCONOMISÉES

Les logiciels open source sont souvent « forkés » (dérivés) pour des raisons de performance. Or un gain de performance implique généralement une réduction en termes de consommation de ressources. Par conséquent, si un fork optimisé existe et offre un périmètre fonctionnel et technique suffisant pour votre projet, vous devez l'utiliser.

Exemple

- À Drupal, préférer plutôt la version optimisée Pressflow.
- À MySQL, préférer plutôt la version optimisée Percona Server.

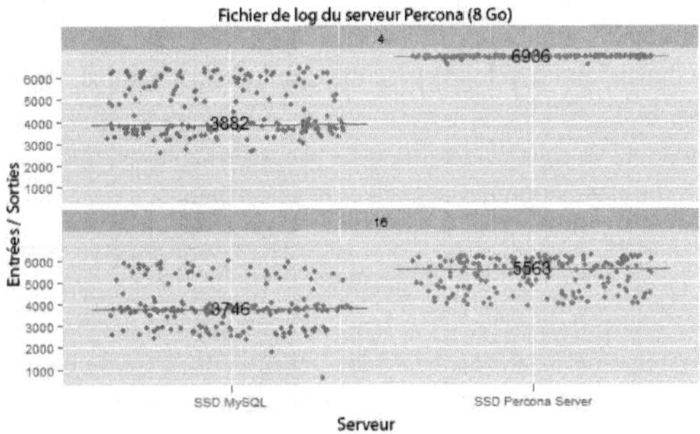

Percona Server affiche des performances près de deux fois supérieures à celles de MySQL Server (Source : Percona Inc.).

Choisir un format de données adapté

PRIORITAIRE	MISE EN ŒUVRE FACILE	IMPACT ÉCOLOGIQUE FORT

RESSOURCES ÉCONOMISÉES

Le type de données utilisé pour manipuler et stocker une donnée a un impact significatif sur la consommation mémoire et les cycles processeurs nécessaires lors des manipulations en base de données, au niveau du serveur d'applications et même dans le navigateur (manipulation via JavaScript), ainsi que sur l'espace de stockage nécessaire.

Choisir un mauvais type de données entraîne :

- un gaspillage de mémoire (par exemple, si vous stockez de toutes petites données dans une colonne prévue pour stocker de grosses quantités de données) ;
- des problèmes de performance (il sera plus rapide de faire une recherche sur un nombre que sur une chaîne de caractères).

Idéalement, les choix du type de données et de son dimensionnement doivent êtres fondés sur l'analyse d'un échantillon représentatif de données.

Exemple

Dans le cas d'un établissement de formation, la taille du champ permettant de stocker le nombre d'élèves doit être basé sur une étude statistique. On peut ainsi déterminer s'il est possible d'utiliser un `TINYINT` (1 octet, jusqu'à 127) plutôt qu'un `SMALLINT` (2 octets, jusqu'à 32 767). Dans tous les cas, le choix par défaut d'un `INT` (4 octets, jusqu'à 2 147 483 647) est une aberration (que nous rencontrons malheureusement tous les jours lors de nos audits...).

Gain potentiel : jusqu'à 8 fois moins de mémoire et de bande passante consommée. La consommation en cycle processeur est réduite dans les mêmes proportions.

Bonne pratique n° 18

Limiter le nombre de domaines servant les ressources

CONSEILLÉ	MISE EN ŒUVRE DIFFICILE	IMPACT ÉCOLOGIQUE MOYEN

RESSOURCES ÉCONOMISÉES

Lorsqu'un site web ou un service en ligne héberge les composants d'une page web sur plusieurs domaines, le navigateur doit établir une connexion HTTP avec chacun de ces domaines. Une fois la page HTML récupérée, le navigateur appelle les ressources au fur et à mesure qu'il parcourt le DOM *(Document Object Model)*. Certaines ressources sont indispensables au fonctionnement de la page. Si elles sont hébergées sur un autre domaine peu réactif, cela peut rallonger le délai d'attente avant que la page soit opérationnelle. Dans la mesure du possible, il faut donc regrouper toutes les ressources sur un seul domaine.

Seule exception à cette règle, le fait d'héberger les ressources statiques (feuilles de styles, images, etc.) sur un domaine séparé, pour éviter d'avoir à transporter un ou plusieurs cookies à chaque GET HTTP du navigateur. On réduit le temps de réponse ainsi que la bande passante consommée inutilement.

Exemple

Pour un site web institutionnel à fort trafic, on privilégiera deux domaines :

- le serveur applicatif sur *www.domain.tld*;
- le serveur media « cookie-less » sur *media.domain.tld.*

On limite ainsi le nombre de domaines tout en évitant de transporter inutilement un cookie à chaque GET HTTP sur une ressource statique.

Remplacer les boutons officiels de partage des réseaux sociaux

CONSEILLÉ	MISE EN ŒUVRE STANDARD	IMPACT FORT

RESSOURCES ÉCONOMISÉES

Les principaux réseaux sociaux tels que Facebook, Twitter, Pinterest, etc. fournissent des plug-ins à installer sur une page web pour y afficher un bouton Partager et un compteur de J'aime. Ces plug-ins JavaScript sont très gourmands en ressources : pour fonctionner, ils nécessitent un grand nombre de requêtes et de télécharger des fichiers lourds. Mieux vaut leur préférer des liens directs, en HTML, vers les pages de partage. On peut générer ces liens à la main (voir ci-dessous) ou via un outil tel que *http://www.sharelinkgenerator.com/*.

Exemple

Les réseaux sociaux possèdent tous une URL qui permet à leurs membres de partager une page web :

- Facebook Share : *https://www.facebook.com/sharer/sharer.php?u=XXXXX*
- Facebook Like : *https://www.facebook.com/plugins/like.php?href=XXXXX*
- Twitter : *https://twitter.com/intent/tweet?url=XXXXX*

On peut donc facilement ajouter un bouton qui ouvre une pop-up de partage comme le font les boutons officiels, par exemple avec le code suivant :

```
<button
type = "button"
onclick = "window. open('https://www.facebook.com/
sharer/sharer.php?u=XXXXX', '', 'menubar = no,
toolbar = no, resizable = yes, scrollbars = yes,
height = 500, width = 700')"
>Je partage cette page sur Facebook</button>
```

Pour aller plus loin :
https://www.nuweb.fr/736

Templating

L'intégration, qui consiste à traduire la maquette d'un site web en une interface graphique utilisateur fonctionnelle basée sur HTML5, CSS3 et JavaScript, est une étape importante en matière d'écoconception web. Nombre de choix qui seront faits à ce niveau vont avoir un impact sur la bande passante consommée, sur le poids total des images, sur la consommation CPU du navigateur, etc.

Les bonnes pratiques que nous présentons dans ce chapitre ne sont pas compliquées à mettre en œuvre, mais elles sont trop souvent reléguées au rang d'optimisation à réaliser en fin de projet. Or, comme nous le savons tous, ces optimisations sont rarement appliquées car l'urgence en fin de projet est souvent de livrer... pas trop en retard. Il faut donc absolument intégrer les bonnes pratiques que nous vous présentons dès le début, dans un esprit d'intégration continue.

Lors de cette étape, les bonnes pratiques consistent à minimiser les allers-retours avec le serveur, à réduire le poids des ressources graphiques, et à utiliser correctement tout le potentiel des feuilles de styles.

Bonne pratique n° 20

Générer des spritesheets CSS

CONSEILLÉ	MISE EN ŒUVRE DIFFICILE	IMPACT ÉCOLOGIQUE FORT

RESSOURCES ÉCONOMISÉES

Regrouper les images de petite taille (celles de l'interface du site, par exemple) dans une seule image de plus grande taille appelée spritesheet.

Ce procédé réduit significativement le nombre de requêtes HTTP. De nombreux services en ligne gratuits (CSS Sprite Generator du Project Fondue, CSSsprites.com, SpriteMe.org...) permettent de générer ces spritesheets.

Exemple

Voici quelques adresses de générateurs de sprites :

http://csssprites.com

http://spritegen.website-performance.org

http://csssprites.org

http://draeton.github.com/stitches

Découper les CSS

PRIORITAIRE	MISE EN ŒUVRE STANDARD	IMPACT ÉCOLOGIQUE FORT

RESSOURCES ÉCONOMISÉES

Employer un ensemble de CSS plutôt qu'une seule, et appeler uniquement les CSS utiles en fonction du contexte. Cettte méthode permet de limiter le poids de la page lors du premier téléchargement, donc d'économiser de la bande passante et de réduire la charge CPU.

Exemple

Découper les CSS en fonction de la logique fonctionnelle :

- layout ;
- content ;
- module x ;
- module y ;
- etc.

Dans le cas d'un site fonctionnellement riche, cela permettra d'exclure toutes les CSS des modules non utilisés. Le nombre de CSS doit rester raisonnable, plus pour des questions de maintenabilité que de performance, dans la mesure où les CSS générales (« layout » et « content » dans notre exemple) seront concaténées en un seul fichier. Les CSS complémentaires (ici, « module x » et « module y ») seront téléchargées en fonction du contexte (page, fonctionnalités...).

Bonne pratique n° 22

Limiter le nombre CSS et les compresser

PRIORITAIRE	MISE EN ŒUVRE FACILE	IMPACT ÉCOLOGIQUE FORT

RESSOURCES ÉCONOMISÉES

Limiter le nombre de CSS pour ne pas multiplier les requêtes HTTP. Si plusieurs feuilles de style sont utilisées sur toutes les pages du site, concaténez-les dans un seul fichier.

Certains CMS et frameworks fournissent des solutions automatiques pour effectuer ce type d'optimisation. Il est également possible de paramétrer le serveur HTTP pour qu'il réduise la taille des feuilles de style en les compressant (voir la bonne pratique n° 83).

Exemple

Avec le serveur web Apache, il suffit d'ajouter dans le fichier de configuration `.htaccess` la ligne suivante :

```
# compress css :
AddOutputFilterByType DEFLATE text/css
```

Cette instruction active le mode Deflate qui compresse toutes les feuilles de style entre le serveur et le client HTTP.

En savoir plus sur Deflate :

http://httpd.apache.org/docs/2.4/mod/mod_deflate.html

Préférer les CSS aux images

PRIORITAIRE	MISE EN ŒUVRE FACILE	IMPACT ÉCOLOGIQUE FORT

RESSOURCES ÉCONOMISÉES

Utiliser les propriétés CSS3 à la place d'images. En effet, le poids d'une feuille de styles est bien plus faible, surtout si elle est compressée. En outre, l'appel d'une feuille de styles ne génère qu'une seule requête HTTP, contre un grand nombre si l'on emploie beaucoup d'images (une requête HTTP pour chaque image).

Exemple

Les coins arrondis des cases doivent être gérés en CSS3 plutôt qu'avec des images.

Préférer l'écriture :

```
#cadre {
  border-radius: 10px;
}
<dvi id="cadre">
  <p>
  Lorem ipsum dolor sit amet, consectetur
adipiscing elit.
  </p>
</div>
```

Bonne pratique n° 24

Écrire des sélecteurs CSS efficaces

PRIORITAIRE	MISE EN ŒUVRE FACILE	IMPACT ÉCOLOGIQUE FAIBLE

RESSOURCES ÉCONOMISÉES

Privilégier les sélecteurs basés sur des ID ou des classes. Ils seront ainsi filtrés plus rapidement, économisant des cycles CPU à la machine interprétant les règles.

Exemple

Ne pas écrire :

```
treeitem[mailfolder="true"] > treerow > treecell {…}
```

mais plutôt :

```
.treecell-mailfolder {…}
```

Ne pas écrire :

```
treehead > treerow > treecell {…}
```

mais plutôt :

```
.treecell-header {…}
```

Grouper les déclarations CSS similaires

PRIORITAIRE	MISE EN ŒUVRE FACILE	IMPACT ÉCOLOGIQUE FORT

RESSOURCES ÉCONOMISÉES

Lorsque plusieurs éléments du DOM *(Document Object Model)* ont des propriétés CSS communes, les déclarer ensemble dans la même feuille de styles. Cette méthode permet de réduire le poids de la CSS.

Exemple

Ne pas écrire :

```
h1 {
  background-color: gray;
  color: navy;
}

h2 {
  background-color: gray;
  color: navy;
}

h3 {
  background-color: gray;
  color: navy;
}
```

mais plutôt :

```
h1, h2, h3 {
  background-color: gray;
  color: navy;
}
```

Bonne pratique n° 26

Utiliser les notations CSS abrégées

PRIORITAIRE	MISE EN ŒUVRE FACILE	IMPACT ÉCOLOGIQUE FORT

RESSOURCES ÉCONOMISÉES

Utiliser les notations CSS abrégées pour réduire le poids de la feuille de styles.

Exemple

Ne pas écrire :

```
margin-top:1em;
margin-right:0;
margin-bottom:2em;
margin-left:0.5em;
```

mais plutôt :

```
margin:1em 0 2em 0.5em;
```

Pour aller plus loin :

www.w3.org/TR/CSS

www.456bereastreet.com/archive/200502/efficient_css_with_shorthand_properties

Toujours fournir une CSS print

PRIORITAIRE	MISE EN ŒUVRE FACILE	IMPACT ÉCOLOGIQUE FORT

RESSOURCES ÉCONOMISÉES

Outre le service apporté à l'internaute, cette feuille de styles réduit le nombre de pages imprimées, et donc indirectement l'empreinte écologique du site web. La plus dépouillée possible, elle doit proposer une police de caractères économe en encre (Century Gothic, par exemple). Pensez aussi à masquer le header, le footer, le menu, le sidebar, supprimer toutes les images sauf celles du contenu, etc.

Exemple

Cette CSS print « nettoie » la page affichée à l'écran afin de proposer une impression épurée :

```
body {
  background-color :#fff;
  font-family :Serif;
  font-size :15pt;
}
#page {
  margin :0;
  border :none;
}
#banner, #menuright, #footer {
  display :none;
}
h1#top {
  margin :0;
  padding :0;
  text-indent :0;
  line-height :25pt;
  font-size :25pt;
}
(...)
```

Utiliser les commentaires conditionnels

PRIORITAIRE	MISE EN ŒUVRE FACILE	IMPACT ÉCOLOGIQUE FORT

RESSOURCES ÉCONOMISÉES

Si des ressources spécifiques doivent être transmises à certains navigateurs, utiliser les commentaires conditionnels afin que les autres navigateurs ne téléchargent pas inutilement ces ressources.

Exemple

Dans le cas de la prise en charge du navigateur Internet Explorer 7, on peut par exemple ajouter le commentaire conditionnel suivant :

```
<!--[if lte IE 7]>
<link type="text/css"rel="stylesheet"media="all"hr
ef="/fix-ie.css"/>
<![endif]-->
```

Favoriser les polices standards

PRIORITAIRE	MISE EN ŒUVRE FACILE	IMPACT ÉCOLOGIQUE FORT

RESSOURCES ÉCONOMISÉES

Préférer les polices standards, car elles sont déjà présentes sur l'ordinateur de l'internaute, qui n'a donc pas besoin de les télécharger. On économise ainsi de la bande passante, tout en accélérant l'affichage du site.

Exemple

Dans la mesure du possible, privilégier des polices de caractères comme :

- Courier New ;
- Georgia ;
- Arial ;
- Comic ;
- Impact ;
- Tahoma ;
- Trebuchet MS ;
- Times New Roman ;
- Verdana ;
- Segoe UI.

Pour aller plus loin :

http://en.wikipedia.org/wiki/List_of_typefaces_included_with_Mac_OS_X

www.awayback.com/revised-font-stack

Préférer les glyphes aux images

CONSEILLÉ	MISE EN ŒUVRE FACILE	IMPACT ÉCOLOGIQUE FORT

RESSOURCES ÉCONOMISÉES

Les glyphes sont inclus dans les polices de caractères du système d'exploitation. Les préférer par conséquent aux images, notamment pour réaliser des effets sur les listes HTML, car ils sont plus économes en bande passante.

Exemple

Si vous remplacez une image par un glyphe présent dans une police système, la bande passante économisée est égale au poids de l'image non utilisée.

Pour aller plus loin :

http://coding.smashingmagazine.com/2011/03/19/styling-elements-with-glyphs-sprites-and-pseudo-elements

Bonne pratique n° 31

Valider les pages auprès du W3C

CONSEILLÉ	MISE EN ŒUVRE FACILE	IMPACT ÉCOLOGIQUE FAIBLE

RESSOURCES ÉCONOMISÉES

Vérifier que le code HTML des pages est bien formé. Dans le cas contraire, le navigateur corrigera dynamiquement un certain nombre d'éléments pour afficher au mieux les pages posant problème. Ces corrections dynamiques consomment inutilement des ressources à chaque chargement des pages concernées.

Exemple

Utiliser le validateur du W3C *(World Wide Web Consortium)* pour vérifier que les pages sont bien valides et que le code HTML est correctement formé :

http://validator.w3.org

Externaliser les CSS et JavaScript

PRIORITAIRE	MISE EN ŒUVRE FACILE	IMPACT ÉCOLOGIQUE FORT

RESSOURCES ÉCONOMISÉES

Veiller à ce que les codes CSS et JavaScript ne soient pas embarqués dans le code HTML de la page, à l'exception d'éventuelles variables de configuration pour les objets JavaScript.

En effet, si vous incluez du code CSS ou JavaScript dans le corps du fichier HTML, alors que ce dernier est utilisé par plusieurs pages (voire tout le site), ce code doit être transféré pour chaque page demandée par l' internaute, ce qui augmente le volume de données transmises. En revanche, si les codes CSS et JavaScript sont inclus dans leurs propres fichiers, le navigateur peut les stocker dans son système de cache local afin de ne pas les redemander.

Exemple

Dans le code HTML, ne pas écrire :

```
<style type="text/css"media="screen">
  p { color: #333, margin: 2px 0 }
  /* Toutes les déclarations CSS du site */
</style>
```

mais plutôt :

```
<link href="css/styles.css"rel="stylesheet">
```

Supprimer les balises images dont l'attribut SRC est vide

PRIORITAIRE	MISE EN ŒUVRE FACILE	IMPACT ÉCOLOGIQUE FORT
3/3	1/3	3/3

RESSOURCES ÉCONOMISÉES

Si une balise image est présente et que son attribut SRC est vide, le navigateur va appeler la page d'index du niveau d'arborescence où il se situe, générant des requêtes HTTP supplémentaires et inutiles.

Exemple

La balise image suivante demandera au serveur le fichier `index` du répertoire `foo` :

```
<img src=''alt=''>
```

sur une page située à l'URL :

http://domain.tld/foo/bar.html

Redimensionner les images en dehors du navigateur

PRIORITAIRE	MISE EN ŒUVRE FACILE	IMPACT ÉCOLOGIQUE FORT

RESSOURCES ÉCONOMISÉES

Ne pas redimensionner les images en utilisant les attributs `HEIGHT` et `WIDTH` du code HTML. Cette approche impose en effet de transférer ces images dans leur taille originale, gaspillant ainsi de la bande passante et des cycles CPU.

Exemple

Une image de 350 × 300 pixels encodée en PNG 24 pèse 41 Ko. Redimensionnée dans le code HTML, la même image affichée en vignette à 70 × 60 pixels pèse toujours 41 Ko, alors qu'elle ne devrait pas dépasser 3 Ko ! Soit 38 Ko téléchargés à chaque fois pour rien...

La meilleure solution consiste à utiliser des images redimensionnées en dehors du code HTML à l'aide d'un logiciel de type Photoshop.

Dans la mesure où le contenu proposé par les utilisateurs du site web n'a pas de valeur ajoutée particulière, il est préférable de leur interdire la possibilité d'insérer des images à partir d'un éditeur WYSIWYG comme CKEditor.

Bonne pratique n° 35

Éviter d'utiliser des images bitmap pour l'interface

PRIORITAIRE	MISE EN ŒUVRE STANDARD	IMPACT ÉCOLOGIQUE FORT

RESSOURCES ÉCONOMISÉES

Choisir le bon format d'image est crucial pour éviter de transporter des octets inutilement et économiser ainsi de la bande passante. Par ailleurs, avec la multiplication des terminaux, des tailles d'écran et l'augmentation de leur résolution, une approche vectorielle doit être privilégiée par rapport à des images matricielles (bitmap).

Grâce à cette bonne pratique, l'interface est indépendante de la résolution de l'écran. On limite donc aussi la dette technique.

La première règle consiste à remplacer les images bitmap (GIF, PNG, JPEG, WebP, etc.) par des styles (CSS), des pictos, des glyphes ou des icônes fournis par une webfont ou une police standard. L'internaute n'a ainsi aucune ressource supplémentaire à télécharger.

S'il n'est pas possible d'utiliser des CSS ou une police standard (déjà installée sur le terminal de l'internaute), vous pouvez aussi :

- employer une webfont ;
- recourir à une image vectorielle au format standard SVG.

Exemple

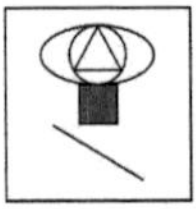

Cette image de 198 × 198 pixels pèse :

- 118 Ko dans un format bitmap non compressé ;
- 6,5 Ko en JPEG (compression à 90 %) ;
- 3,8 Ko en PNG ;
- 0,7 Ko en SVG minifié.

Le format vectoriel est, dans ce cas précis, 5 à 10 fois moins lourd qu'un format bitmap tout en pouvant être retaillé à l'infini.

Optimiser les images vectorielles

PRIORITAIRE	MISE EN ŒUVRE FACILE	IMPACT ÉCOLOGIQUE FORT

RESSOURCES ÉCONOMISÉES

Les navigateurs modernes sont tous compatibles avec le format d'image vectorielle SVG *(Scalable Vector Graphics)*, basé sur un ensemble de vecteurs décrits en XML. Les images SVG ont deux avantages indéniables : d'une part, elles peuvent être réduites et agrandies à l'infini sans dégradation de qualité ; d'autre part, elles sont, la plupart du temps, moins lourdes que des images bitmap.

Cependant, la plupart des images SVG contiennent de nombreuses métadonnées qui ont été nécessaires à leur création. C'est par exemple le cas des informations de couche (layer), des commentaires, etc., qui sont indispensables pour éditer l'image, mais inutiles pour l'afficher. D'où l'idée de les supprimer pour réduire le poids des fichiers.

De nombreux outils de minification et d'optimisation, tels que Compressor.io, SVG Cleaner, ou SVGO sont disponibles.

Le taux de compression via gzip varie selon la complexité de l'image. Mais il est toujours élevé, car il s'agit de compresser du texte : en général, on atteint des ratios de l'ordre de 75 % à 80 %.

Exemple

Gain potentiel : jusqu'à 75 % de Ko en moins.

Nous avons testé SVGO sur un fichier SVG de 1 Ko. Il a réduit sa taille de 36 %, le faisant passer de 1101 à 700 octets. En compressant le fichier via gzip avant son transfert, le poids passe à 498 octets, soit moins de la moitié (45 %) de la taille initiale, sans aucune perte de qualité à l'affichage.

Utiliser le chargement paresseux des images

CONSEILLÉ	MISE EN ŒUVRE STANDARD	IMPACT FORT

RESSOURCES ÉCONOMISÉES

Lorsqu'un internaute ne consulte pas la totalité d'une page web, toutes les images situées en dehors de la zone visitée ont été chargées inutilement. La technique du chargement paresseux (*lazy loading*) consiste à ne charger une image que lorsque son emplacement devient visible à l'écran. Elle nécessite de programmer le mécanisme en JavaScript ou d'utiliser une bibliothèque comme jQuery « appear » pour détecter l'apparition à l'écran de la zone de l'image. À terme, le navigateur Chrome de Google devrait faire du *lazy loading* automatiquement. Mais on pourra le « forcer » ou le désactiver sur chaque image ou iframe.

Exemple

L'image originale n'est pas chargée par le DOM car elle est remplacée par un pixel transparent dont le poids est très faible. Son URL est néanmoins stockée dans l'attribut data-src pour permettre à JavaScript de la charger le moment opportun, c'est-à-dire dès que l'emplacement de l'image apparaîtra à l'écran. Détecter l'apparition de l'emplacement de l'image peut être réalisé grâce à la librairie jQuery « Appear ».

```
<img data-src="image.jpg"
src="data:image/png;base64,iVBORw0KGgoAAAANSUhEUg
AAAAEAAAABCAQAAAC1HAwCAAAAC0lEQVR42mNgYAAAAAMAASs
JTYQAAAAASUVORK5CYII=" alt="logo green IT" />
<noscript><img src="image.jpg" /></noscript>
```

Code client

Les interfaces graphiques des sites web sont restées statiques jusqu'en 1998. Ce n'est qu'avec l'avènement de HTML 4.2, des CSS 2.0 et des prémices d'ECMAScript que l'architecture Dynamic HTML (DHTML) a permis de créer des interfaces web véritablement interactives. HTML 5 pousse cette logique à l'extrême en transformant les navigateurs en socle d'exécution très évolués, capables d'effectuer des traitements complexes, de dialoguer avec des back-ends via l'architecture d'échange de données Ajax et de stocker localement des données relationnelles.

Ces dernières années, nombre de développeurs ont abusé du potentiel de HTML5 en créant des interfaces utilisateurs gavées de JavaScript, souvent sans justification.

Lors de cette étape, les bonnes pratiques consistent à éviter les abus en limitant les traitements JavaScript complexes aux cas d'absolue nécessité et en privilégiant le plus possible des motifs de programmation (patterns) éprouvés et efficients.

Utiliser Ajax pour les zones de contenu souvent mises à jour

NON PRIORITAIRE	MISE EN ŒUVRE DIFFICILE	IMPACT ÉCOLOGIQUE MOYEN

RESSOURCES ÉCONOMISÉES

En général, les gabarits des pages sont mis en cache au niveau des reverse proxies. Il est alors conseillé de générer par des appels Ajax les zones de contenu qui nécessitent un taux de rafraîchissement plus élevé.

Ainsi, le serveur applicatif ne génère que les parties dynamiques des pages, et non les pages entières.

Exemple

Les sites d'actualité utilisent très souvent ce procédé, qui permet d'identifier clairement les zones qui nécessitent d'être mises à jour rapidement (flash d'informations, données météo, cours de la Bourse, résultats sportifs, etc.).

Éviter les animations Javascript/CSS coûteuses

PRIORITAIRE	MISE EN ŒUVRE FACILE	IMPACT ÉCOLOGIQUE FORT

RESSOURCES ÉCONOMISÉES

Les animations Javascript/CSS peuvent être très coûteuses en termes de cycles CPU et de consommation mémoire. Elles déclenchent toutes une action de type `(re)paint/(re)flow` très coûteuse en ressources. Il faut donc éviter au maximum les animations, et ne les utiliser que lorsqu'elles sont indispensables.

Si vous ne pouvez vous passer d'une animation, limitez-vous aux propriétés CSS3 `opacity` et `transform`, et aux fonctions associées `translate`, `rotate`, `scale` de `transform`. Ces deux propriétés sont automatiquement optimisées par le navigateur, et l'animation peut être prise en charge par le processeur graphique (GPU). Le site *www.csstriggers.com* liste les actions sur le DOM déclenchées par une animation.

Pour que le navigateur puisse réduire au minimum les ressources consommées par l'animation, vous pouvez le prévenir qu'une animation va avoir lieu grâce à `will-change`.

Exemple

L'instruction `will-change` permet de prévenir le navigateur qu'une animation qu'il est en mesure d'optimiser va être déclenchée. Utilisée à bon escient, cette approche réduit la consommation de ressources.

```
.box {
  will-change: transform, opacity;
}
```

Pour en savoir plus :

http://www.html5rocks.com/en/tutorials/speed/high-performance-animations/

N'utiliser que les portions indispensables des bibliothèques JavaScript et CSS

PRIORITAIRE	MISE EN ŒUVRE DIFFICILE	IMPACT ÉCOLOGIQUE MOYEN

RESSOURCES ÉCONOMISÉES

Les bibliothèques JavaScript telles que jQuery, mootools, YUI et les frameworks CSS prêts à l'emploi (Bootstrap, skeleton, gumby, foundation...) sont d'excellents outils pour réaliser rapidement des sites, car ils répondent à presque tous les besoins les plus courants. Revers de la médaille, on n'en utilise généralement qu'une petite portion ; or ces frameworks et bibliothèques ne s'appuient pas tous sur une architecture modulaire, ce qui contraint l'internaute à télécharger toute la librairie pour n'utiliser qu'un faible pourcentage de ses fonctionnalités.

Dans la mesure du possible, il est préférable de se passer de ces bibliothèques (voir *http://youmightnotneedjquery.com*) ou de n'en conserver que les portions réellement utilisées (voir *http://getbootstrap.com/customize*). Si cette approche n'est pas envisageable, télécharger les sources et créer un build custom qui ne comprend que les composants nécessaires.

Exemple

Certains frameworks, ici Bootstrap, permettent de créer des bibliothèques sur mesure qui ne contenant que les portions réellement utilisées par le site, ce qui réduit le poids des bibliothèques et les ressources consommées lors de l'exécution.

Bonne pratique n° 41

Ne pas modifier le DOM lorsqu'on le traverse

PRIORITAIRE	MISE EN ŒUVRE STANDARD	IMPACT ÉCOLOGIQUE FORT

RESSOURCES ÉCONOMISÉES

Modifier le DOM *(Document Object Model)* lorsqu'on le traverse peut engendrer des situations où la boucle devient très gourmande en ressources, notamment en cycles CPU. En effet, si on y ajoute des éléments en le traversant, il est possible de générer une boucle infinie qui consommera une grande quantité de ressources. Ce genre de modification est donc fortement déconseillée.

Exemple

Éviter :

```
<script>
$('a.extlink').each(function(el) {
  $(el).attr('rel','external nofollow');
});
</script>
```

Rendre les éléments du DOM invisibles lors de leur modification

CONSEILLÉ	MISE EN ŒUVRE FACILE	IMPACT ÉCOLOGIQUE FORT

RESSOURCES ÉCONOMISÉES

Lorsqu'un élément du DOM *(Document Object Model)* doit être modifié par plusieurs propriétés, chaque changement de style ou de contenu va générer un `repaint` ou un `reflow`. Aussi est-il généralement plus économe de :

- rendre l'élément invisible (passer la propriété `display` à `none`) (1 `reflow`) ;
- modifier toutes les propriétés de l'élément et rendre l'élément à nouveau visible (1 `reflow`).

Soit 2 `reflow` au maximum.

Exemple

Procéder comme suit :

```
var elem = document.getElementById('foo');
elem.style.display ='none'; // Génère 1 reflow
elem.style.width   ='10em';
elem.style.height  ='auto';
// ... autres changements ...
elem.style.display ='block'; // Génère 1 reflow
```

Au final, 2 `reflow` sont nécessaires au lieu de 6 ou 7 potentiellement.

Réduire au maximum le repaint (appearence) et le reflow (layout)

PRIORITAIRE	MISE EN ŒUVRE STANDARD	IMPACT ÉCOLOGIQUE FORT

RESSOURCES ÉCONOMISÉES

Le `repaint` est le changement d'apparence d'un élément du DOM *(Document Object Model)*, tandis que le `reflow` est le changement/recalcul de la position des éléments dans le DOM. Ces deux opérations sont coûteuses en ressources, notamment en cycles CPU : il faut donc éviter de les déclencher.

Exemple

Pour éviter les `repaint`, ne pas modifier les propriétés stylistiques d'un élément (couleur de fond, style de bordure, couleur du texte, taille, etc.).

Pour éviter les `reflow`, limiter les changements de propriétés de position, de dimension, de type de positionnement, de contenu, etc. Cette suggestion est notamment valable pour certains éléments HTML tels que les tables, dont le `reflow` peut nécessiter jusqu'à trois fois plus de temps qu'un élément équivalent avec un `block display`.

Pour aller plus loin :

https://developers.google.com/speed/articles/reflow

Utiliser la délégation d'événements

PRIORITAIRE	MISE EN ŒUVRE FACILE	IMPACT ÉCOLOGIQUE FORT

RESSOURCES ÉCONOMISÉES

La délégation d'événements permet de ne pas surcharger la mémoire du navigateur en instanciant un seul écouteur pour plusieurs éléments du DOM *(Document Object Model)*.

Exemple

L'élément du DOM dont l'ID est `t` est déclaré comme le délégué. Il intercepte les événements de tous ses fils.

```
(…)
  <style type="text/css">
    #t { border: 1px solid red }
    #t1 { background-color: pink; }
  </style>
  <script type="text/javascript">
  function modifyText(new_text) {
    var t2 = document.getElementById("t2");
    t2.firstChild.nodeValue = new_text;
  }
  function load() {
    var el = document.getElementById("t");
    el.addEventListener("click", function() {
      modifyText("four")}, false); }
  </script>
</head>
<body onload="load();">
<table id="t">
  <tr><td id="t1">one</td></tr>
  <tr><td id="t2">two</td></tr>
</table>
(…)
```

Modifier plusieurs propriétés CSS en une seule fois

PRIORITAIRE	MISE EN ŒUVRE STANDARD	IMPACT ÉCOLOGIQUE FORT

RESSOURCES ÉCONOMISÉES

Pour limiter le nombre de `repaint/reflow`, il est conseillé de ne pas modifier des propriétés une à une. Préférer l'ajout/la suppression de classes CSS, ce qui permet de modifier en une seule fois plusieurs propriétés, tout en ne générant qu'un `repaint/reflow` (voir la bonne pratique n° 45).

Exemple

Préférer l'écriture :

```
<style>
.in-error {
  color: red;
  font-weight: bold;
}
</style>
<script>
$el.bind('error', function () {
  $el.addClass('in-error');
});
$el.bind('running'), function () {
  $el.removeClass('in-error');
};
</script>
```

Bonne pratique n° 46

Valider le code JavaScript avec JSLint

PRIORITAIRE	MISE EN ŒUVRE FACILE	IMPACT ÉCOLOGIQUE FAIBLE

RESSOURCES ÉCONOMISÉES

L'analyseur de qualité du code JSLint vérifie que la syntaxe JavaScript utilisée sera comprise par tous les navigateurs. Le code obtenu respecte ainsi des contraintes syntaxiques qui permettent aux interpréteurs d'exécuter le code plus facilement et donc plus rapidement. Le processeur est donc sollicité moins longtemps.

Exemple

Pour utiliser cet outil : *www.jslint.com*

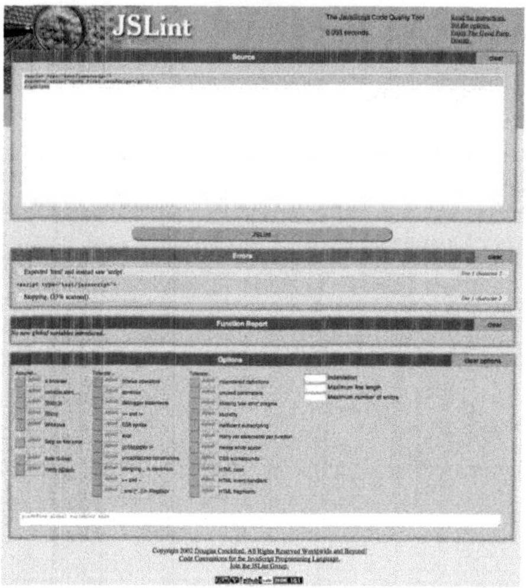

L'outil en ligne JSLint vérifie la syntaxe du code JavaScript et détecte les erreurs et les incompatibilités (source : Douglas CrockFord).

Éviter d'utiliser try...catch...finally

NON PRIORITAIRE	MISE EN ŒUVRE FACILE	IMPACT ÉCOLOGIQUE FAIBLE

RESSOURCES ÉCONOMISÉES

Dans les parties du code gourmandes en ressources (certaines boucles, constructions de données complexes, etc.), éviter les appels à `try...catch...finally`.

En effet, lorsqu'une exception est levée, une variable (l'exception elle-même) est créée dans le bloc `catch` et détruite à la fin du bloc. La création de cette variable et sa destruction consomment inutilement des cycles CPU et de la mémoire vive. C'est pourquoi il est important de ne pas utiliser cette construction et de lui préférer, autant que possible, un test logique.

Exemple

Préférer un test logique :

```
var oProperties = ['first','second',...,'nth'], i;
try {
  for( i = 0; i < oProperties.length; i++ ) {
    test[oProperties[i]].someproperty = somevalue;
  }
} catch(e) {
  ...
}
```

Pour aller plus loin :

http://dev.opera.com/articles/view/efficient-javascript/?page=2#trycatch

Utiliser les opérations primitives

NON PRIORITAIRE	MISE EN ŒUVRE FACILE	IMPACT ÉCOLOGIQUE MOYEN

RESSOURCES ÉCONOMISÉES

L'emploi de méthodes pour les opérations de base engendre une consommation supplémentaire de ressources système. L'interpréteur doit en effet résoudre les objets puis les méthodes, rien que pour effectuer ces opérations simples du langage.

À éviter donc autant que possible.

Exemple

Ne pas écrire :

```
var min = Math.min(a,b);
A.push(v);
```

mais plutôt :

```
var min = a < b ? a : b;
A[A.length] = v;
```

Bonne pratique n° 49

Mettre en cache les objets souvent accédés en JavaScript

PRIORITAIRE	MISE EN ŒUVRE FACILE	IMPACT ÉCOLOGIQUE MOYEN

RESSOURCES ÉCONOMISÉES

L'accès au DOM *(Document Object Model)* est coûteux en termes de ressources processeur (cycles CPU). Aussi, lorsque vous utilisez plusieurs fois le même élément du DOM depuis JavaScript, stockez sa référence dans une variable afin de ne pas parcourir à nouveau le DOM pour ce même élément.

Exemple

Ne pas écrire :

```
document.getElementById('menu').property1 = 'foo';
document.getElementById('menu').property2 = 'bar';
```

mais plutôt :

```
$menu = document.getElementById('menu');
$menu.property1 = 'foo';
$menu.property2 = 'bar';
```

Privilégier les variables locales

NON PRIORITAIRE	MISE EN ŒUVRE FACILE	IMPACT ÉCOLOGIQUE MOYEN

RESSOURCES ÉCONOMISÉES

En JavaScript, lorsqu'on fait appel à une variable globale, le moteur d'interprétation doit vérifier :

- qu'elle existe dans le scope actuel, dans celui du dessus, etc. ;
- que la variable dispose d'une valeur ;
- ...

Pour éviter toutes ces vérifications, il est souvent envisageable de passer les variables utiles en arguments des routines, les rendant locales. Ce procédé permet ainsi d'économiser du temps de calcul (cycles CPU).

Exemple

Ne pas écrire :

```
var aGlobal = new String('Hello Dolly');
function globalLength() {
  length = aGlobal.length;
  console.log(length);
}
globalLength();
```

mais plutôt :

```
var aGlobal = new String('Hello Dolly');
function someVarLength(str) {
  length = str.length;
  console.log(length);
}
someVarLength(aGlobal);
```

Privilégier les fonctions anonymes

NON PRIORITAIRE	MISE EN ŒUVRE FACILE	IMPACT ÉCOLOGIQUE FAIBLE

RESSOURCES ÉCONOMISÉES

Puisque JavaScript autorise l'écriture de fonctions anonymes, les utiliser lorsque c'est possible et que la maintenabilité du projet n'est pas remise en cause. De cette façon, l'interpréteur n'a plus besoin de résoudre le nom de la fonction.

Attention, cette bonne pratique ne s'applique que si la fonction est utilisée une seule fois. Dans le cas contraire, vous devez nommer cette fonction.

Exemple

Ne pas écrire :

```
(function(){
  function invokeMe() {
    /*code*/
  }
  setTimeout(invokeMe, 5);
})();
```

mais plutôt :

```
(function(){
  setTimeout(function(){ /*some code here*/ }, 5);
})();
```

Préférer les fonctions aux strings, en argument à setTimeout() et setInterval()

PRIORITAIRE	MISE EN ŒUVRE STANDARD	IMPACT ÉCOLOGIQUE FORT

RESSOURCES ÉCONOMISÉES

`setTimeout()` et `setInterval()` peuvent prendre en argument des fonctions ou des chaînes de caractères (strings). D'après la bonne pratique précédente, il est déconseillé d'utiliser `eval()` et donc de passer des chaînes de caractères. Par ailleurs, si l'argument passé est une chaîne, le moteur d'interprétation va devoir l'évaluer pour la transformer en code. En revanche, si cet argument est une fonction ou une référence à une fonction, l'évaluation ne sera pas nécessaire, ce qui permettra d'économiser des cycles CPU.

Exemple

Ne pas écrire :

```
var timeoutID = setTimeout('console.log("Hello
Dolly");', 1000);
```

mais plutôt :

```
var uneFonction = function() {
  console.log('Hello Dolly');
}
var timeoutID = setTimeout(uneFonction, 1000);
```

Éviter les boucles for...in

CONSEILLÉ	MISE EN ŒUVRE STANDARD	IMPACT ÉCOLOGIQUE MOYEN

RESSOURCES ÉCONOMISÉES

La boucle for…in est plus sophistiquée que la boucle for basique, car elle dédoublonne les éléments d'une liste avant de commencer l'énumération. Aussi est-il généralement plus économe d'utiliser une boucle for simple lorsqu'on maîtrise bien la collection.

Exemple

Dans la boucle suivante, le for…in est mal utilisé :

```
var oSum = 0;
for( var i in oArray ) {
  oSum += oArray[i];
}
```

Préférer plutôt :

```
var oSum = 0;
var oLength = oArray.length;
for( var i = 0; i < oLength; i++ ) {
  oSum += oArray[i];
}
```

Réduire les accès au DOM via JavaScript

PRIORITAIRE	MISE EN ŒUVRE STANDARD	IMPACT ÉCOLOGIQUE FORT

RESSOURCES ÉCONOMISÉES

L'accès au DOM *(Document Object Model)* via JavaScript est une procédure lourde qui consomme beaucoup de cycles processeur (CPU). Réduire autant que possible ces accès.

Pour cela, vous pouvez assigner le nœud dans des variables que vous réutiliserez lors du cycle de vie de l'application, ce qui évite de retraverser l'arbre à chaque manipulation du document.

Il est également possible d'utiliser des bibliothèques de type « Shadow DOM », qui optimisent les modifications de l'arbre par un système de batch.

Exemple

Pour en savoir plus, vous pouvez consulter le projet de Shadow DOM du W3C :

https://w3c.github.io/webcomponents/spec/shadow/

et les préconisations du W3C pour réduire les accès au DOM via JavaScript :

http://www.w3.org/wiki/JavaScript_best_practices#Keep_DOM_access_to_a_minimum

Privilégier les changements visuels instantanés

CONSEILLÉ	MISE EN ŒUVRE STANDARD	IMPACT ÉCOLOGIQUE FORT

RESSOURCES ÉCONOMISÉES

Les animations, qu'elles soient réalisées en CSS ou pilotées par JavaScript, génèrent beaucoup de `repaint/reflow`. Pour moins consommer de cycles CPU, il est donc préférable d'utiliser des changements instantanés plutôt qu'animés.

Exemple

Éviter les effets JavaScript de fade in/fade out dans les sliders.

Ne pas écrire :

```
<script>
$('a').click(function () {
    $('#foo').fadeIn();
});
</script>
```

mais plutôt :

```
<script>
$('a').click(function () {
    $('#foo').show();
});
</script>
```

Code serveur

La base de données et le serveur d'applications forment souvent le principal goulot d'étranglement d'une architecture web. Chaque opération qui prend trop de temps induit un temps de latence supplémentaire avant le traitement suivant. À ce niveau, l'écoconception logicielle consiste surtout à écrire un code efficient afin de garantir un temps de traitement le plus court possible pour libérer au plus vite le serveur afin qu'il soit disponible pour un nouveau traitement. On économise ainsi des ressources : nombre de machines physiques nécessaires pour délivrer le service.

Pour garantir qu'aucun goulot d'étranglement n'imposera d'ajouter des machines supplémentaires, il faut partir du fond de l'architecture (SGBD/R notamment) et la remonter progressivement. En effet, plus le blocage est loin du navigateur dans la chaîne applicative, plus il la paralysera dans son ensemble.

Lors de cette étape, les bonnes pratiques consistent à optimiser le stockage et la manipulation des données, et à paramétrer efficacement les différents serveurs (données, applications, web), sans oublier la mise en œuvre de bonnes pratiques au niveau du code qui s'exécute sur le serveur d'applications.

Utiliser un moteur de templating

NON PRIORITAIRE	MISE EN ŒUVRE STANDARD	IMPACT ÉCOLOGIQUE FORT

RESSOURCES ÉCONOMISÉES

À l'instar de Smarty ou Twig, les moteurs de templating fournissent presque toujours un système de mise en cache des templates compilés, dans un fichier binaire contenant du code intermédiaire appelé bytecode.

Le gain en nombre de cycles CPU est souvent très significatif, surtout lorsqu'un cache de code intermédiaire se greffe au système de cache du moteur de templating.

Exemple

Pour activer le cache de Smarty :

```
<?php
require('Smarty.class.php');
$smarty = new Smarty;
$smarty->caching = 1;
$smarty->display('index.tpl');
?>
```

Bonne pratique n° 57

Utiliser tous les niveaux de cache du CMS

PRIORITAIRE	MISE EN ŒUVRE FACILE	IMPACT ÉCOLOGIQUE FORT

RESSOURCES ÉCONOMISÉES

Si le CMS (comme Drupal, eZ Publish...) propose un système de cache à plusieurs niveaux, utiliser ces différents niveaux car leur granularité permet de réduire les ressources consommées (cycles CPU, mémoire) et d'offrir de bonnes performances à l'utilisateur.

Exemple

Dans sa configuration de base, Drupal possède 6 niveaux de cache.

1. La table (ou le bin depuis Drupal 7) `cache` enregistre une copie de la configuration des modules, de la structure de toutes les autres tables et de toutes les informations concernant le thème utilisé sur le site.
2. La table cache `page` enregistre une copie des pages, mais seulement pour les utilisateurs non identifiés.
3. La table cache `block` enregistre une copie des blocs.
4. La table cache `menu` enregistre une copie du menu de navigation et des URL qui lui sont associées.
5. La table cache `filter` enregistre une copie de tous les contenus des nœuds *(nodes)*, une fois qu'ils ont été filtrés par le système de filtre.
6. La table cache `form` enregistre tous les formulaires soumis à la Form API.

Il faut mettre en cache les requêtes des vues, les résultats des vues, les blocs affichant les vues et la page dans son ensemble. Vous pouvez également jouer sur les stratégies de cache pour augmenter le TTL *(Time to Live)* des éléments HTML qui sont rarement modifiés.

Bonne pratique n° 58

Générer les PDF en dehors du CMS

PRIORITAIRE	MISE EN ŒUVRE STANDARD	IMPACT ÉCOLOGIQUE FORT

RESSOURCES ÉCONOMISÉES

La génération de PDF « à la volée » est extrêmement consommatrice de cycles CPU et de mémoire vive. Par conséquent, ne pas générer les PDF à la demande, page par page, mais proposer plutôt quelques fichiers générés et optimisés en dehors du CMS.

Exemple

Dans le cas d'un catalogue, la concaténation « à la volée » de fiches elles-mêmes créées à la volée doit être évitée à tout prix.

Redimensionner les images en dehors du CMS

PRIORITAIRE	MISE EN ŒUVRE FACILE	IMPACT ÉCOLOGIQUE FORT

RESSOURCES ÉCONOMISÉES

Redimensionner et optimiser les images en dehors du site web. Cette mesure permet d'économiser beaucoup de bande passante et soulage le(s) processeur(s) et la mémoire vive, car un serveur web n'est pas optimisé pour le retraitement des images.

Exemple

Si l'image ajoutée directement dans le CMS pèse 7 Mo, on économisera :

- 7 Mo de bande passante lors de l'envoi ;
- 100 Ko lors de la visualisation du résultat ;
- 6,9 Mo de stockage sur le disque dur du serveur.

Sans parler des cycles CPU et de la mémoire vive...

Encoder les sons en dehors du CMS

PRIORITAIRE	MISE EN ŒUVRE FACILE	IMPACT ÉCOLOGIQUE FORT

RESSOURCES ÉCONOMISÉES

Adapter et optimiser les sons en dehors du site web. Cette mesure permet d'économiser beaucoup de bande passante et soulagera la CPU et la mémoire vive, car un serveur web n'est pas optimisé pour le (ré)encodage des fichiers audio.

Exemple

Si le son ajouté directement dans le CMS pèse 7 Mo, on économisera :

- 7 Mo de bande passante lors de l'envoi ;
- 100 Ko lors de l'écoute du résultat ;
- 6,9 Mo de stockage sur le disque dur du serveur.

Bonne pratique n° 61

Utiliser un thème léger

PRIORITAIRE	MISE EN ŒUVRE STANDARD	IMPACT FORT

RESSOURCES ÉCONOMISÉES

La plupart des thèmes clés en main disponibles pour les principaux CMS privilégient l'esthétique et la richesse fonctionnelle au détriment de l'efficience, de l'accessibilité, et de l'écoconception. Avant de choisir un thème, il est indispensable de vérifier ses principaux paramètres techniques : taille du DOM, poids, et nombre d'allers-retours avec le serveur. On préférera un thème de conception minimaliste - pas d'image ou d'icône pour l'interface, pas de composant impactant tels que carrousel et Google Maps dynamique, etc. - quitte à ajouter des fonctionnalités essentielles en fonction de son usage. Sous Wordpress, on peut par exemple débuter avec SustyWeb (*https://sustywp.com/*) dont les mensurations sont impressionnantes de légèreté : 16 Ko (7 Ko compressé), 2 requêtes HTTP et un DOM constitué de seulement 75 éléments.

Exemple

	Min - Susty	GreenIT.fr	Médiane	Max	
Poids	16	500	1700	217 000	Ko
Requêtes HTTP	2	53	78	3 920	Requêtes
DOM	75	300	603	595 000	Eléments

Source : GreenIT.fr, 2018, Frédéric Bordage

Éviter la réécriture des getter/setter natifs

CONSEILLÉ	MISE EN ŒUVRE FACILE	IMPACT ÉCOLOGIQUE MOYEN

RESSOURCES ÉCONOMISÉES

La plupart des langages objet proposent des getter et des setter standards que le développeur n'a pas besoin d'écrire.

Les surcharger allonge les temps de compilation et d'exécution de ces méthodes, qui sont généralement bien mieux optimisées par le langage que par le développeur.

Par conséquent, privilégier l'utilisation des getter et setter standards, et implémenter des méthodes spécifiques métier. Cette méthode offre également l'avantage de faciliter la maintenance par les autres développeurs, qui seront habitués au comportement des getter/setter standards plutôt que ceux implémentés spécifiquement.

Exemple

Préférer l'approche orientée objet sans getter/setter mais avec un set « natif » de la propriété privée `cheese` par la méthode de classe `putCheese` :

```
class Fridge
{
  private int cheese;
  void putCheese(int _number) { cheese += _number; }
}

void go_shopping(Fridge fridge)
{
  fridge.putCheese(5);
}
```

Bonne pratique n° 63

Ne pas assigner inutilement de valeurs aux variables

NON PRIORITAIRE	MISE EN ŒUVRE FACILE	IMPACT ÉCOLOGIQUE FORT

RESSOURCES ÉCONOMISÉES

Éviter de déclarer et d'utiliser des variables lorsque ce n'est pas indispensable. En effet, à chaque allocation correspond de la mémoire vive occupée.

Exemple

Ne pas écrire :

```
$clients = $crm->fetchAllClients();
return $clients;
```

mais plutôt :

```
return $crm->fetchAllClients();
```

Bonne pratique n° 64

Mettre en cache les données calculées souvent utilisées

PRIORITAIRE	MISE EN ŒUVRE STANDARD	IMPACT ÉCOLOGIQUE FORT

RESSOURCES ÉCONOMISÉES

Lorsque des calculs de valeurs ou de données sont coûteux en ressources, les mettre en cache si les valeurs demeurent inchangées, afin de ne pas réitérer ces opérations.

Exemple

Les systèmes de cache de type key-value store sont prévus pour stocker ces données. Généralement montés entièrement en mémoire vive (RAM), ils génèrent d'importantes économies de cycles CPU si les données calculées sont très souvent sollicitées.

Mettre en cache le code intermédiaire

PRIORITAIRE	MISE EN ŒUVRE STANDARD	IMPACT ÉCOLOGIQUE FORT

RESSOURCES ÉCONOMISÉES

Le bytecode (appelé opcode dans le cas de PHP) est le code binaire généré à partir du code source. Certains accélérateurs permettent de mettre en cache ce bytecode, ce qui évite de le recompiler à chaque fois à partir du code source. Cette réduction du temps de compilation économise des cycles CPU et de la mémoire vive.

Exemple

Un script de référence PHP peut servir :

- 298 requêtes par minute (sans accélérateur) ;
- 914 requêtes par minute (avec l'accélérateur APC).

Soit 3 fois plus de requêtes pour la même machine.

Pour consulter la liste des accélérateurs pour PHP :

http://en.wikipedia.org/wiki/List_of_PHP_accelerators

On peut aussi citer le compilateur HipHop for PHP, qui permet de traduire le code source PHP en C++, lequel est ensuite compilé en binaires natifs à l'aide de g++.

Utiliser la simple quote (') au lieu du guillemet (")

NON PRIORITAIRE	MISE EN ŒUVRE FACILE	IMPACT ÉCOLOGIQUE MOYEN

RESSOURCES ÉCONOMISÉES

Pour déclarer une chaîne de caractères en PHP, on peut l'encadrer par des quotes (') ou des guillemets ("). La forme utilisant les guillemets permet au développeur d'insérer des variables qui seront substituées lors de l'exécution.

Mais si la chaîne de caractères ne possède pas de variable, utiliser plutôt les quotes. Ainsi, PHP ne recherchera pas les variables à substituer, ce qui réduira la consommation de cycles CPU.

Exemple

Optimiser le code suivant :

```
echo "Lorem ipsum dolor sit amet, consectetur adi-
pisicing elit, sed do eiusmod tempor incididunt.";
```

par :

```
echo 'Lorem ipsum dolor sit amet, consectetur adi-
pisicing elit, sed do eiusmod tempor incididunt.';
```

Bonne pratique n° 67

Remplacer les $i++ par des ++$i

NON PRIORITAIRE	MISE EN ŒUVRE FACILE	IMPACT ÉCOLOGIQUE FAIBLE

RESSOURCES ÉCONOMISÉES

La forme `$i++` présente l'inconvénient de générer une variable temporaire lors de l'incrémentation, ce qui n'est pas le cas avec la forme `++$i`.

Exemple

Éviter :

```
$i++
```

qui génère 4 opcodes.

Préférer :

```
++$i
```

qui n'en génère que 3.

Libérer de la mémoire les variables qui ne sont plus nécessaires

PRIORITAIRE	MISE EN ŒUVRE FACILE	IMPACT ÉCOLOGIQUE FORT
3/3	1/3	3/3

RESSOURCES ÉCONOMISÉES

Libérer la mémoire vive dès que possible. Supprimer notamment les tableaux qui peuvent rapidement contenir des quantités importantes d'informations.

Exemple

Optimiser le code suivant :

```
$crm = new CrmConnection();
$this_month_clients = $crm->fetchAllClients()-
>filtersByLastActivity(LAST_MONTH);
$recipes = some_long_function_which_extracts_
recipes_from_clients($this_month_clients);
$pdfs = generate_pdf_for_recipes($recipes);
return $pdfs;
```

par :

```
$crm = new CrmConnection();
$this_month_clients = $crm->fetchAllClients()-
>filtersByLastActivity(LAST_MONTH);
unset($crm);
$recipes = some_long_function_which_extracts_
recipes_from_clients($this_month_clients);
$pdfs = generate_pdf_for_recipes($recipes);
unset($recipes);
return $pdfs;
```

Bonne pratique n° 69

Ne pas appeler de fonction dans la déclaration d'une boucle de type for

PRIORITAIRE	MISE EN ŒUVRE FACILE	IMPACT ÉCOLOGIQUE FORT
3/3	1/3	3/3

RESSOURCES ÉCONOMISÉES

Ne pas appeler de fonction dans la déclaration d'une boucle de type `for`, afin d'éviter que la fonction ne soit appelée à chaque itération de la boucle.

Exemple

Ne pas écrire :

```
for ($i = 0; $i < count($array); $i++) {}
```

mais plutôt :

```
$count = count($array);
for ($i = 0; $i < $count; $i++) {}
```

Supprimer tous les warnings et toutes les notices

PRIORITAIRE	MISE EN ŒUVRE STANDARD	IMPACT ÉCOLOGIQUE FORT

RESSOURCES ÉCONOMISÉES

Les warnings et notices ralentissent les serveurs d'applications tels que PHP, car ces derniers doivent retracer l'origine des erreurs et inscrire dans les différents journaux système les messages expliquant les problèmes rencontrés.

Exemple

Éviter :

```
<html>
<body>
<form method="post"accept-charset="utf-8">
  <input type="text"name="first_name"value="<?php
print $_POST['first_name'] ?>"placeholder="">
  <input type="text"name="last_name"value="<?php
print $_POST['last_name'] ?>"placeholder="">
</form>
</body>
</html>
```

`$_POST['first_name']` et `$_POST['last_name']` font générer des notices car ils ne sont pas nécessairement définis.

Utiliser des variables statiques

PRIORITAIRE	MISE EN ŒUVRE FACILE	IMPACT ÉCOLOGIQUE FORT

RESSOURCES ÉCONOMISÉES

Lorsque le contexte le permet, utiliser des variables statiques pour éviter d'exécuter plusieurs fois le même code. Vous limiterez ainsi les cycles CPU inutiles.

Ce procédé est particulièrement efficace pour les procédures gourmandes en ressources.

Exemple

Pour ne charger qu'une seule fois un *parser* lourd à initialiser, utiliser les variables statiques :

```
private function dataParserLoad() {
  static $done = FALSE;
  if (!$done) {
    require_once APPLICATION_PATH_APP .'/libraries/
DataParser/Parser.php';
    $this->parser = new DataParser();
    $done = TRUE;
  }
}
```

Éviter d'effectuer des requêtes SQL à l'intérieur d'une boucle

PRIORITAIRE	MISE EN ŒUVRE STANDARD	IMPACT ÉCOLOGIQUE FORT

RESSOURCES ÉCONOMISÉES

Les requêtes SQL à l'intérieur d'une boucle posent de gros problèmes de performance, et ce d'autant plus si le(s) serveur(s) SQL n'est (ne sont) pas sur la machine locale. En effet, ces serveurs sont optimisés pour traiter plusieurs sélections, insertions ou modifications dans une seule requête ou une seule transaction.

Mal utilisées, ces requêtes consomment inutilement des cycles CPU, de la mémoire vive et de la bande passante.

Exemple

Ne pas écrire :

```
foreach ($userList as $user) {
  $query = 'INSERT INTO users (first_name,last_name)
VALUES("'. $user['first_name'] .'", "'. $user['last_
name'] .'")';
  mysql_query($query);
}
```

mais plutôt :

```
$userData = array();
foreach ($userList as $user) {
  $userData[] = '("'. $user['first_name'] .'", "'.
$user['last_name'] .'")';
}
$query = 'INSERT INTO users (first_name,last_name)
VALUES'. implode(',', $userData);
mysql_query($query);
```

Bonne pratique n° 73

Ne se connecter à une base de données que si nécessaire

PRIORITAIRE	MISE EN ŒUVRE STANDARD	IMPACT ÉCOLOGIQUE FORT

RESSOURCES ÉCONOMISÉES

Déclencher une connexion à un serveur de base de données est coûteux en ressources pour le serveur d'applications, pour le serveur de base de données et, éventuellement, pour le réseau. Chaque fois que l'application peut se passer de la base de données, faites-le !

Exemple

Les outils dynamiques génèrent souvent des pages 404 pour les ressources (CSS, JavaScript, images, etc.) qui ne se trouvent pas sur le système de fichiers. Ces pages 404 sont générées une fois que le CMS a vérifié dans la base de données qu'aucun contenu ne correspond à l'URL demandée.

Aussi est-il judicieux de mettre en place un système de règles, excluant la recherche dans la base pour les URL contenant des extensions de type *.css, *.js, *.png, etc., afin de ne pas déclencher de connexion à la base de données.

Ne jamais écrire de SELECT * FROM

PRIORITAIRE	MISE EN ŒUVRE FACILE	IMPACT ÉCOLOGIQUE FORT

RESSOURCES ÉCONOMISÉES

Le serveur de base de données doit résoudre les champs en fonction du schéma. Si vous connaissez le schéma, il est vivement recommandé de nommer les champs.

Exemple

Ne pas écrire :

```
SELECT * FROM clients;
```

mais plutôt :

```
SELECT raison_social, adresse, code_postal,
telephone FROM clients;
```

Limiter le nombre de résultats

PRIORITAIRE	MISE EN ŒUVRE STANDARD	IMPACT ÉCOLOGIQUE FORT

RESSOURCES ÉCONOMISÉES

Lorsque c'est possible, limiter avec la clause `LIMIT` le nombre de résultats attendus pour une requête donnée. Cette approche permet de limiter le nombre de cycles CPU et la quantité de mémoire vive utilisés pour retrouver les enregistrements concernés.

Le gain en performance sera d'autant plus important si les enregistrements contiennent un grand nombre de champs volumineux.

Exemple

Si vous ne souhaitez afficher que les 25 premiers enregistrements d'une table contenant le nom et le prénom de personnes, remplacer lors de la sélection :

```
SELECT prenom, nom FROM personnes
```

par :

```
SELECT prenom, nom FROM personnes LIMIT 0, 25
```

Utiliser les procédures stockées

PRIORITAIRE	MISE EN ŒUVRE DIFFICILE	IMPACT ÉCOLOGIQUE FORT

RESSOURCES ÉCONOMISÉES

Les procédures stockées sont plus performantes et économes en ressources que les requêtes SQL envoyées par le serveur d'applications vers le système de gestion de base de données relationnelles (SGBDR).

Deux raisons à cela :

- une procédure stockée économise au serveur l'interprétation de la requête puisqu'elle est précompilée ;
- une procédure stockée est moins gourmande en bande passante puisqu'il y a moins d'informations échangées entre le serveur et le client.

Il faut donc s'appuyer au maximum sur cette fonctionnalité du SGBDR.

Tous les SGBDR récents (SQL Server, MySQL, PostgreSQL, etc.) prennent en charge les procédures stockées.

Exemple

Quand utiliser les procédures stockées ?

- Pour éviter d'envoyer des requêtes complexes au serveur SQL, qui font l'objet d'une analyse syntaxique puis d'une interprétation avant d'être exécutées. Ces étapes consomment beaucoup de ressources.
- Pour simplifier le code du site et favoriser ainsi sa maintenabilité. En effet, l'empreinte écologique d'un site est aussi constituée des ressources mises en œuvre pour le maintenir et le faire évoluer.

Hébergement

Même si un site web accumule des défauts de conception et un code de piètre qualité, il est souvent possible de « rattraper le coup » lors du passage en production. Une étape cruciale, qui devrait être intégrée dès la conception, tant l'hébergement joue un rôle clé dans le coût de fonctionnement final et les impacts environnementaux associés au site.

Les points d'attention concernant l'hébergement ne manquent pas. Ils concernent à la fois la mise en cache tout au long de la chaîne applicative, la réduction du nombre de requêtes et de la taille du flux de données à transférer, jusqu'à l'optimisation des serveurs. Sans oublier le choix d'un hébergeur réellement engagé dans la préservation de l'environnement.

Lors de cette étape, les bonnes pratiques consistent à choisir un hébergeur réellement engagé dans la préservation de la planète, à optimiser la mise en cache à tous les niveaux, et à réduire la taille des données transférées ainsi que le nombre de requêtes.

Minifier les fichiers CSS

PRIORITAIRE	MISE EN ŒUVRE FACILE	IMPACT ÉCOLOGIQUE FORT

RESSOURCES ÉCONOMISÉES

Utiliser un outil tel que YUI Compressor pour supprimer les espaces et sauts de ligne inutiles. Le module Apache mod_pagespeed de Google permet aussi d'automatiser cette opération.

Exemple

YUI Compressor de Yahoo! fournit un ensemble de filtres spécialisés, qui permettent notamment d'effectuer les opérations suivantes :

- suppression des commentaires et des espaces ;
- suppression du dernier point-virgule ;
- suppression des points-virgules superflus ;
- suppression des déclarations vides ;
- suppression des unités quand la valeur est `0` et concaténation des `0` en un seul ;
- suppression du `0` pour les valeurs inférieures à `1` ;
- remplacement des couleurs RGB en hexa et remplacement des hexa codées sur 6 caractères par des hexa codées sur 3 caractères ;
- suppression des `charsets` supplémentaires ;
- optimisation des valeurs d'opacité de la couche alpha sur Internet Explorer ;
- remplacement de `none` par `0`.

Compresser les feuilles de styles CSS et les bibliothèques JavaScript

PRIORITAIRE	MISE EN ŒUVRE FACILE	IMPACT ÉCOLOGIQUE FORT

RESSOURCES ÉCONOMISÉES

Compresser les feuilles de style CSS et les bibliothèques JavaScript pour limiter l'utilisation de la bande passante et améliorer les temps de chargement.

Exemple

Pour Apache, il suffit d'ajouter dans le fichier `.htaccess` (pour utiliser `DEFLATE`) :

```
# compress text, html, javascript, css, xml:
AddOutputFilterByType DEFLATE text/plain
AddOutputFilterByType DEFLATE text/html
AddOutputFilterByType DEFLATE text/xml
AddOutputFilterByType DEFLATE text/css
AddOutputFilterByType DEFLATE application/xml
AddOutputFilterByType DEFLATE application/xhtml+xml
AddOutputFilterByType DEFLATE application/rss+xml
AddOutputFilterByType DEFLATE application/
javascript
AddOutputFilterByType DEFLATE application/x-
javascript
# Or, compress certain file types by extension:
<files *.html>
SetOutputFilter DEFLATE
</files>
```

Bonne pratique n° 79

Combiner les fichiers CSS et les fichiers JavaScript

PRIORITAIRE	MISE EN ŒUVRE FACILE	IMPACT ÉCOLOGIQUE FORT

RESSOURCES ÉCONOMISÉES

La combinaison de feuilles de style CSS ou de bibliothèques JavaScript permet de réduire le nombre de requêtes HTTP.

Exemple

Le module Apache mod_pagespeed de Google permet d'automatiser ce processus. Il fournit un ensemble de filtres spécialisés, parmi lesquels :

- combine_css. Combine les CSS en une seule ;
- combine_javascript. Combine plusieurs fichiers JavaScript en un seul ;
- defer_javascript. Diffère l'exécution de JavaScript dans le code HTML ;
- extend_cache. Améliore les possibilités de mise en cache ;
- inline_preview_images. Retarde l'affichage des images originales et les remplace par des versions de moins bonne qualité tant qu'elles ne sont pas téléchargées ;
- outline_css. Déplace les gros styles CSS inline dans des fichiers pour améliorer leur propension à la mise en cache ;
- outline_javascript. Déplace les grosses balises `<script>` inline dans des fichiers pour améliorer leur propension à la mise en cache ;
- rewrite_css. Réduit les CSS ;
- sprite_images. Crée des sprites d'images.

Pour aller plus loin :

www.modpagespeed.com

Optimiser les images bitmap

PRIORITAIRE	MISE EN ŒUVRE FACILE	IMPACT ÉCOLOGIQUE FORT

RESSOURCES ÉCONOMISÉES

Les images bitmap représentent souvent la majorité des octets téléchargés, juste avant les bibliothèques CSS et JavaScript. Leur optimisation est donc cruciale pour réduire la bande passante consommée. La première étape consiste à choisir le bon format entre bitmap (JPEG, PNG, GIF, etc.) et vectorielle (SVG).

Les images matricielles doivent être réservées essentiellement aux photos et aux éléments de l'interface qui ne peuvent pas être pris en charge par des icônes ou des styles CSS.

Le choix du format bitmap dépend des caractéristiques de l'image : noir et blanc ou couleur, palette de couleurs, besoin de transparence... Parmi ces caractéristiques, le fait de pouvoir dégrader l'image définitivement (lossy) oriente plutôt vers les formats JPEG et WebP (Google), tandis qu'un besoin de transparence et/ou l'impossibilité de dégrader l'image (lossless) orientera plutôt vers GIF ou PNG.

Des outils tels que pngcrush, ImageMagick ou jpegtran vous aideront à réduire au minimum le poids des images matricielles.

Exemple

Gain potentiel : 25 % de gain au minimum en jouant sur la palette de couleurs et le taux de compression, et jusqu'à plus de 80 % par rapport à une image matricielle non compressée. En moyenne, 30 % de poids en moins (par rapport à JPEG) avec WebP.

Minifier les fichiers JavaScript

PRIORITAIRE	MISE EN ŒUVRE FACILE	IMPACT ÉCOLOGIQUE FORT

RESSOURCES ÉCONOMISÉES

Utiliser un outil tel que YUI Compressor pour :

- supprimer les espaces inutiles ;
- supprimer les sauts de lignes inutiles ;
- supprimer les points-virgules inutiles ;
- compresser les noms de variables locales.

Exemple

Utiliser le module Apache mod_pagespeed de Google pour automatiser cette opération.

Un fichier de référence JavaScript de 248 Ko ne pèse que 97 Ko après minification.

Bonne pratique n° 82

Optimiser la taille des cookies

NON PRIORITAIRE	MISE EN ŒUVRE STANDARD	IMPACT ÉCOLOGIQUE MOYEN

RESSOURCES ÉCONOMISÉES

Un cookie permet de maintenir un état entre le navigateur de l'internaute et le serveur web distant grâce à des identifiants. Ce fichier texte est transféré dans chaque requête HTTP. Il faut donc optimiser au maximum sa taille et le supprimer dès que sa présence n'est plus obligatoire.

Exemple

On peut supprimer automatiquement un cookie lorsqu'il n'est plus utile, en précisant une date d'expiration, de la manière suivante :

```
Set-Cookie: user_mavariable=mavaleur; expires=Wed,
12 Dec 2012 07:42:30 UTC
```

Voir la RFC 2109 de l'IETF (*Internet Engineering Task Force*) pour en savoir plus sur les cookies :

https://tools.ietf.org/rfc/rfc2019.txt

Compresser la sortie HTML

PRIORITAIRE	MISE EN ŒUVRE FACILE	IMPACT ÉCOLOGIQUE FORT

RESSOURCES ÉCONOMISÉES

Afin de limiter la bande passante consommée entre le client et le serveur, le contenu des pages HTML peut être compressé.

Tous les navigateurs modernes (pour smartphones, tablettes, ordinateurs portables et de bureau) acceptent un contenu HTML compressé via gzip ou Deflate.

Le plus simple est de compresser, automatiquement et à la volée, le flux HTML en sortie de serveur web ; il suffit pour cela de configurer correctement ce dernier.

Cette pratique (compression à la volée) n'est intéressante que pour le flux HTML, qui évolue sans cesse. Pour des ressources statiques telles les bibliothèques CSS et JavaScript, nous vous conseillons, dans la mesure du possible, de les compresser manuellement une bonne fois pour toutes.

Exemple

Avec Apache, les modes de compression Deflate ou gzip apportent des gains importants. Ainsi, pour un fichier HTML type de 26 Ko, il est réduit à 6 Ko après compression avec gzip.

Exemple de configuration Apache utilisant le mode Deflate :

```
<IfModule mod_deflate.c>
SetOutputFilter DEFLATE
# Don't compress
SetEnvIfNoCase Request_URI \.(?:gif|jpe?g|png)$
no-gzip dont-vary
SetEnvIfNoCase Request_URI
\.(?:exe|t?gz|zip|bz2|sit|rar)$ no-gzip dont-vary
</IfModule>
```

Activer HTTP Strict Transport Security (HSTS)

PRIORITAIRE	MISE EN ŒUVRE STANDARD	IMPACT FORT

RESSOURCES ÉCONOMISÉES

Le HSTS permet d'indiquer à n'importe quel navigateur, via un header de réponse HTTP gardé en cache que le domaine doit exclusivement être contacté en HTTPS.

Cela permet aux requêtes suivantes, émises sur le même domaine, d'être exclusivement contactées avec le protocole HTTPS, ce qui évite une multitude de redirections 301.

Néanmoins, le premier appel exige une réponse (potentiellement non sécurisé) HTTP avec un header STS.

Pour pallier ce problème, et obliger les navigateurs à contacter l'intégralité du domaine en HTTPS, il est possible, en plus d'activer le HSTS, de s'enregistrer dans une liste statique mise à jour sur tous les navigateurs récents : *https://hstspreload.org.*

Il est important de noter que l'enregistrement de son domaine sur *htstpreload.org* est rapide et concerne l'intégralité du domaine, (sous-domaines inclus). Avant d'effectuer cet enregistrement, qui est relativement lent à supprimer, veillez qu'aucun de vos sous-domaines ne soient perturbés par la mise en place du HTTPS.

Exemple

Exemple de configuration

```
Strict-Transport-Security :
max-age = 63072000 ; includeSubDomains ; preload
```

Bonne pratique n° 85

Mettre en place un plan de fin de vie

PRIORITAIRE	MISE EN ŒUVRE FACILE	IMPACT FORT
3/3	1/3	3/3

RESSOURCES ÉCONOMISÉES

Environ 25 % des serveurs physiques et 20 % des serveurs virtuels (VM) sont des zombies. C'est-à-dire que ces serveurs comatent depuis des semaines, des mois, voir des années en attendant qu'on les utilise. Ils constituent autant d'impacts environnementaux et économiques évitables.

Pour éviter de laisser traîner ces déchets numériques, il faut fixer une date de péremption dès leur conception. En l'absence d'action de la part du client ou de l'utilisateur au bout d'un certain temps, le service numérique est archivé sur support inerte ou purement et simplement supprimé. Cette opération permet de recycler la capacité matérielle sous-jacente (espace de stockage, mémoire vive, cycles CPU, etc.), c'est-à-dire d'affecter les 25 % actuellement inutilisés à un service numérique actif.

Le plan de fin de vie consiste à s'assurer que le jour où un site, une application métier interne, ou un service en ligne n'a plus lieu d'être ou n'est plus utilisé, il sera aussitôt décommissionné. C'est un contrat passé avec l'éditeur du site ou du service qui définit, notamment, la période d'inactivité et/ou la date à partir de laquelle le site ou le service est décommissionné.

Exemple

À la livraison du projet, on remet au client un contrat « plan de fin de vie » que le client accepte et signe. Y sont indiqués la date à partir de laquelle le mécanisme de décommissionnement doit être activé, le ou les seuils techniques et les indicateurs techniques associés qui déclencheront le recyclage du service, le type de fin de vie (archivage ou destruction), etc. À tout moment, le client peut modifer ce contrat.

Bonne pratique n° 86

Choisir un hébergeur « vert »

PRIORITAIRE	MISE EN ŒUVRE DIFFICILE	IMPACT ÉCOLOGIQUE FORT

RESSOURCES ÉCONOMISÉES	Déchets électroniques, consommation électrique, émissions de gaz à effet de serre

Préférer un hébergeur qui combine des serveurs économes à des sources d'énergies renouvelables et qui compense ses émissions de gaz à effet de serre. Les six critères à prendre en compte sont :

1. gestion des DEEE (déchets d'équipements électriques et électroniques) ;
2. efficience énergétique du data center ;
3. politique d'achat responsable ;
4. respect de la dimension sociale ;
5. alimentation aux énergies renouvelables ;
6. compensation carbone.

Exemple

Les hébergeurs suivants utilisent exclusivement des énergies renouvelables ou compensées :

www.aiso.net

www.infomaniak.com

Pour aller plus loin :

www.greenit.fr/2009/05/18/quels-criteres-pour-identifier-un-hebergeur-vert

Utiliser une électricité « verte »

PRIORITAIRE	MISE EN ŒUVRE FACILE	IMPACT ÉCOLOGIQUE FORT
3/3	1/3	3/3

RESSOURCES ÉCONOMISÉES Émissions de gaz à effet de serre

Pour alimenter vos serveurs, utilisez autant que possible une électricité fabriquée à partir d'une énergie primaire renouvelable peu impactante (hydraulique courant, etc.). Pour cela, il est conseillé de choisir un fournisseur tel que Enercoop qui achète exclusivement de l'électricité produite à partir d'énergie renouvelable. À défaut, vous pouvez acheter des certificats de garantie d'origine.

Exemple

Le service WattImpact neutralise ainsi la consommation électrique de l'infrastructure technique d'un site (serveurs) et des ordinateurs des internautes. Pour plus de détails :

www.wattimpact.com

Pour en savoir plus sur les certificats de garantie d'origine et l'électricité :

www.greenit.fr/tag/electricite

Bonne pratique n° 88

Adapter la qualité de service et le niveau de disponibilité

PRIORITAIRE	MISE EN ŒUVRE DIFFICILE	IMPACT ÉCOLOGIQUE FORT

RESSOURCES ÉCONOMISÉES Consommation électrique

La qualité de service (QoS pour *Quality of Service*) et le niveau de disponibilité (SLA pour *Service Level Agreement*) doivent être déterminés avec les utilisateurs du site web ou du service en ligne. Il est par exemple inutile d'héberger le service dans un centre de données très haute disponibilité (Tier IV) si les utilisateurs acceptent un taux de disponibilité inférieur ou égal à 99 % pour un service non critique. En effet, à efficience énergétique équivalente, plus le centre de données qui héberge le site ou service en ligne est disponible, plus son empreinte environnementale globale est élevée, notamment parce que tout est redondé et actif : deux chaînes d'alimentation électrique, deux chaînes de production et distribution de froid, etc.

Exemple

Malgré leurs centaines de millions d'utilisateurs, les géants du Web ne proposent pas un très haut niveau de disponibilité de type Tier IV. Les données sont redondées sur au moins un autre serveur dans un autre centre de données. Si un serveur tombe en panne, l'utilisateur est routé automatiquement vers le serveur de backup. Cette action peut prendre quelques secondes, ce qui est tout à fait acceptable et presque imperceptible pour l'utilisateur final.

Utiliser des serveurs virtualisés

NON PRIORITAIRE	MISE EN ŒUVRE DIFFICILE	IMPACT ÉCOLOGIQUE FORT

RESSOURCES ÉCONOMISÉES

Au lieu d'utiliser un serveur dédié pour chaque projet, et de le charger au maximum à 20 % de sa capacité, mutualiser les ressources machine en mettant en place un hyperviseur. En effet, une seule machine physique pourra offrir les mêmes services que 4 serveurs dédiés et chargés à 20 %. Le processeur et la mémoire vive seront utilisés de façon optimale, tout en consommant moins d'électricité que plusieurs serveurs physiques. Cette démarche permet également de réduire la quantité de déchets électroniques (DEEE) générés par le site.

Exemple

Utiliser des outils de virtualisation tels que VMware, Xen, KVM, etc.

Bonne pratique n° 90

Optimiser l'efficacité énergétique des serveurs

PRIORITAIRE	MISE EN ŒUVRE DIFFICILE	IMPACT ÉCOLOGIQUE FORT

RESSOURCES ÉCONOMISÉES Consommation électrique

À service rendu identique, il est possible de réduire la consommation électrique des serveurs en choisissant des équipements peu énergivores.

Exemple

Lors de l'achat, privilégier des serveurs équipés d'une alimentation électrique conforme à l'écolabel 80Plus (niveaux Platinum et Titanium). Préférer également les serveurs estampillés Energy Star.

Il est aussi possible de choisir une architecture matérielle adaptée au type d'application web. Par exemple, pour un site web à fort trafic, la physicalisation est mieux adaptée : elle consiste à utiliser *n* CPU très basse consommation, plutôt que *n* machines virtuelles s'exécutant sur un serveur physique dont le processeur (Xeon, etc.) est souvent énergivore.

Bonne pratique n° 91

Installer uniquement les services indispensables sur le serveur

PRIORITAIRE	MISE EN ŒUVRE FACILE	IMPACT ÉCOLOGIQUE FORT

RESSOURCES ÉCONOMISÉES

Désinstaller tous les services qui ne sont pas indispensables au bon fonctionnement du site. Cette mesure supprimera nécessairement des *daemons* (agents et services fonctionnant en permanence en mémoire), qui sont consommateurs de ressources, notamment en cycles CPU et en mémoire vive.

Exemple

Privilégier une installation « manuelle » du serveur (LAMP + CMS, par exemple) plutôt qu'une distribution avec une surcouche de type cPanel ou Plesk. Et si une surcouche d'administration est nécessaire, préférer des solutions légères comme Webmin.

Monter les caches entièrement en RAM

PRIORITAIRE	MISE EN ŒUVRE STANDARD	IMPACT ÉCOLOGIQUE FORT

RESSOURCES ÉCONOMISÉES

Les systèmes de cache doivent être, autant que possible, montés entièrement en mémoire vive (RAM). Cette mesure permet d'éviter des entrées/sorties sur les disques durs, ainsi que des cycles CPU pour les gérer.

L'objectif est double : servir rapidement une réponse au client, et limiter le nombre de composants matériels (et logiciels) impliqués dans la réponse retournée par le serveur.

La mémoire vive étant très rapide en termes d'accès en lecture/écriture, la durée de consommation des ressources est particulièrement courte. En outre, la durée de vie des composants est allongée avec cette bonne pratique, puisqu'il n'y pas de mouvement mécanique comme lors d'un recours au disque dur.

Exemple

Exemples d'intégration d'un cache RAM à Drupal :

- intégration de Memcache : *http://drupal.org/project/memcache*
- intégration de Varnish : *http://drupal.org/project/varnish*

Stocker les données dans le cloud

NON PRIORITAIRE	MISE EN ŒUVRE DIFFICILE	IMPACT ÉCOLOGIQUE MOYEN

RESSOURCES ÉCONOMISÉES

Pour optimiser l'espace de stockage nécessaire aux ressources d'un site web ou d'un service en ligne, il peut être intéressant d'utiliser des solutions de cloud computing. Ainsi, tout en disposant d'une solution évolutive (*elastic* en anglais), on ne monopolise pas de ressources inutilement. L'autre intérêt est d'héberger les ressources statiques sur un domaine sans cookies. On évite alors de transporter le cookie avec chaque ressource transférée vers le navigateur (voir la bonne pratique n° 96).

Cette approche est donc judicieuse pour les images et autres ressources statiques. Comme il ne faut pas multiplier les domaines (voir la bonne pratique n° 55), le plus simple est de regrouper toutes les ressources statiques sur un seul service de stockage en ligne.

Exemple

Pour la réalisation d'un jeu concours basé sur des témoignages vidéo, il est plus efficace de recourir au service de stockage S3 d'Amazon que d'ajouter de nouveaux disques durs aux serveurs existants.

Héberger les ressources sur un domaine sans cookies

PRIORITAIRE	MISE EN ŒUVRE STANDARD	IMPACT ÉCOLOGIQUE FORT

RESSOURCES ÉCONOMISÉES

Les images, feuilles de style CSS et fichiers JavaScript doivent être hébergés sur un domaine sans cookies. Cela évite au navigateur d'envoyer un cookie pour chaque ressource… alors qu'il est inutile.

En effet, bien que transféré dans chaque requête HTTP, le cookie est inutile pour les contenus statiques, puisqu'il sert à maintenir un état entre le navigateur de l'internaute et le serveur d'applications distant grâce aux identifiants contenus dans le fichier texte. Il est donc préférable de stocker ce type de contenus sur un nom de domaine spécifique, par exemple *static.mondomaine.com*.

Exemple

Les leaders du Web utilisent un domaine séparé pour servir les ressources statiques qui ne nécessitent pas de cookies. Yahoo! emploie par exemple le domaine *yimg.com*, YouTube le domaine *ytimg.com* et Amazon le domaine *images-amazon.com*.

Bonne pratique n° 95

Éviter les redirections

PRIORITAIRE	MISE EN ŒUVRE DIFFICILE	IMPACT ÉCOLOGIQUE FORT

RESSOURCES ÉCONOMISÉES

Les redirections dégradent le temps de réponse, tout en consommant des ressources inutilement. Il faut donc les éviter autant que possible. Ces redirections peuvent avoir lieu à différents niveaux : code HTML, code JavaScript, serveur HTTP et serveur d'applications (PHP, etc.).

Exemple

Au niveau du serveur HTTP (Apache, dans ce cas), une redirection consiste à activer une réécriture systématique des URL via le fichier `.htaccess` :

```
<IfModule mod_alias.c>
  Redirect permanent http://ancienne_adresse.fr
http://nouvelle.adresse.fr/
</IfModule>
```

Mieux vaut remplacer manuellement les adresses statiques intégrées aux pages web.

Bonne pratique n° 96

Ne pas générer de page 404

PRIORITAIRE	MISE EN ŒUVRE DIFFICILE	IMPACT ÉCOLOGIQUE FORT

RESSOURCES ÉCONOMISÉES

La page 404 doit être la plus légère possible, et même idéalement inexistante. En effet, lorsque le navigateur demande une ressource qui n'existe pas (image, feuille de styles CSS, fichier JavaScript, etc.), le serveur répond par la page 404, qui peut être plus lourde que la ressource demandée.

De plus, certains CMS exécutent leur routine de recherche de contenu (dans la base de données) pour tenter de trouver la page demandée. Par conséquent, du code serveur est exécuté, le serveur de base de données est sollicité, et la génération dynamique de la page HTML est exécutée. Tout ce processus aboutit à un gaspillage de cycles CPU, de mémoire vive et de bande passante.

Exemple

Éviter les pages 404 dynamiques, qui sont personnalisées en fonction du contenu de l'URL. Préférer une seule page 404 statique.

Bonne pratique n° 97

Utiliser un serveur asynchrone

CONSEILLÉ	MISE EN ŒUVRE DIFFICILE	IMPACT ÉCOLOGIQUE FORT

RESSOURCES ÉCONOMISÉES

Les serveurs (web, d'applications, etc.) tels que Nginx, node.js ou Gwan sont conçus pour utiliser le minimum de ressources possible. Grâce à leur fonctionnement en mode asynchrone, ils ne sont pas tenus de créer un processus ou un thread pour chaque requête. Ils évitent ainsi de gaspiller leurs ressources.

Alors que la plupart des serveurs web augmentent leur consommation de mémoire vive au fur et à mesure des sollicitations, les serveurs asynchrones demeurent eux très stables.

Exemple

Nginx a la réputation d'être plus performant qu'Apache. Il peut ainsi servir 2,1 fois plus de requêtes par seconde que ce serveur.

Pour aller plus loin :

http://nbonvin.wordpress.com/2011/03/14/apache-vs-nginx-vs-varnish-vs-gwan

http://nbonvin.wordpress.com/2011/03/24/serving-small-static-files-which-server-to-use

Utiliser un CDN

CONSEILLÉ	MISE EN ŒUVRE FACILE	IMPACT ÉCOLOGIQUE FAIBLE

RESSOURCES ÉCONOMISÉES

Certains fichiers comme les bibliothèques JavaScript, les feuilles de style CSS, les images, etc., sont gourmands en ressources réseau, car ils sont généralement nombreux et de petite taille. C'est pourquoi il est conseillé d'utiliser les CDN *(Content Delivery Network)*, qui rapprochent physiquement ces fichiers des internautes, générant de ce fait un gain important de bande passante et un meilleur temps de réponse.

Exemple

Utiliser les CDN fournis par Google qui hébergent les différentes bibliothèques JavaScript couramment utilisées.

Utiliser un cache HTTP

PRIORITAIRE	MISE EN ŒUVRE STANDARD	IMPACT ÉCOLOGIQUE FORT

RESSOURCES ÉCONOMISÉES

Les reverse proxies (Varnish, Squid ou Nginx) sont optimisés pour servir du contenu (pages HTML, images, etc.) de façon rapide, tout en consommant le moins de cycles CPU possible. En évitant de solliciter inutilement le serveur d'applications, ils permettent d'utiliser une infrastructure plus réduite.

Exemple

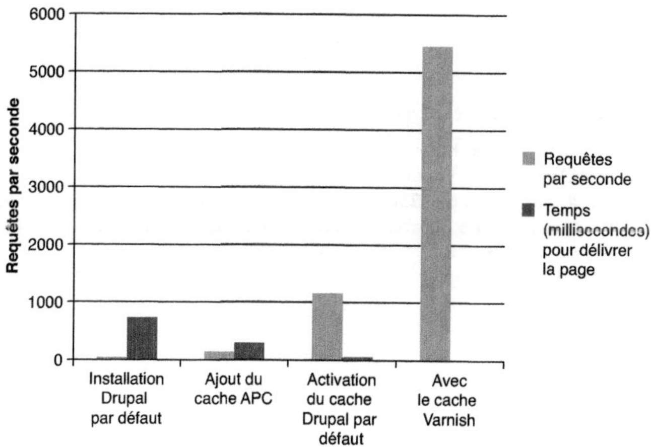

Le recours à un reverse proxy spécialisé comme Varnish réduit drastiquement le temps nécessaire pour servir les pages dynamiques, tout en augmentant la capacité du CMS (Drupal, ici) à en délivrer un grand nombre en même temps. On constate également qu'un cache généraliste comme APC n'est pas adapté (source : Asymptotix).

Mettre en cache le favicon.ico

PRIORITAIRE	MISE EN ŒUVRE FACILE	IMPACT ÉCOLOGIQUE FORT

RESSOURCES ÉCONOMISÉES

Le favicon.ico est la petite image qui s'affiche très souvent dans la barre d'adresse, à côté de l'URL du site. Non seulement son poids doit être optimisé, mais il faut absolument qu'il soit présent en cache. En effet, ce petit fichier est appelé par le navigateur sur toutes les pages, quoi qu'il arrive.

Par ailleurs, il est recommandé de toujours prévoir ce type de fichier, car certains navigateurs le demandent même s'il n'y en a pas, ce qui génère des erreurs 404.

Exemple

Ajouter dans le fichier `.htaccess` :

```
<IfModule mod_header.c>
  <FilesMatch"\.ico$">
    # cache .ico files for 1 year(31536000 sec)
    Header set Cache-control max-age=31536000
  </FilesMatch>
</IfModule>
```

Ajouter des en-têtes Expires ou Cache-Control

PRIORITAIRE	MISE EN ŒUVRE FACILE	IMPACT ÉCOLOGIQUE FORT

RESSOURCES ÉCONOMISÉES

Les en-têtes Expires et Cache-Control définissent la durée pendant laquelle un navigateur doit conserver une ressource dans son cache. Il faut donc en prévoir et les configurer correctement pour les feuilles de style CSS, les scripts JavaScript et les images.

Idéalement, la durée de vie de ces éléments doit être la plus longue possible, afin que le navigateur ne les redemande pas au serveur. On économise ainsi des requêtes HTTP, de la bande passante et des cycles CPU côté serveur.

Exemple

Voici un exemple de configuration des en-têtes `Expires` et `Cache-Control` pour le serveur web Apache :

```
# BEGIN Cache-Control Headers
<IfModule mod_headers.c>
  <FilesMatch"\\.(ico|jpe?g|png|gif|swf|css|gz)$">
    Header set Cache-Control"max-age=2592000,
public"
  </FilesMatch>
  <filesMatch"\\.(html|htm)$">
    Header set Cache-Control"max-age=7200, public"
  </filesMatch>
</IfModule>
# END Cache-Control Headers
```

Mettre en cache les réponses Ajax

NON PRIORITAIRE	MISE EN ŒUVRE STANDARD	IMPACT ÉCOLOGIQUE MOYEN

RESSOURCES ÉCONOMISÉES

Les réponses Ajax qui seront inchangées dans un futur proche ne doivent pas être redemandées au serveur. Par conséquent, les mettre en cache pour économiser de la bande passante.

Exemple

Si une requête Ajax retourne une liste de noms de villes, de noms de contacts ou tout élément non calculé, il faut mettre ces réponses en cache du côté client pour ne pas générer à nouveau une requête vers le serveur.

Désactiver certains logs d'accès du serveur web

CONSEILLÉ	MISE EN ŒUVRE STANDARD	IMPACT ÉCOLOGIQUE MOYEN

RESSOURCES ÉCONOMISÉES

Les logs d'accès du serveur web pouvant devenir très volumineux en fonction du trafic, il est recommandé de désactiver tous ceux qui ne sont pas indispensables. En limitant le nombre d'événements consignés dans le log de l'application, on évite des écritures sur le disque, ce qui limite la consommation de cycles CPU et réduit l'espace de stockage nécessaire.

Exemple

Configurer les logs Apache comme suit :

```
SetEnvIf Request_URI".(ico|pdf|flv|jpg|jpeg|png|gif|
js|css|gz|swf|txt)$"dontlog
SetEnvIf Request_URI"^/rss/"dontlog
CustomLog /var/log/apache/access.log combined
env=!dontlog
```

Bonne pratique n° 104

Désactiver le DNS Lookup d'Apache

CONSEILLÉ	MISE EN ŒUVRE FACILE	IMPACT ÉCOLOGIQUE FORT

RESSOURCES ÉCONOMISÉES

À chaque fois qu'un serveur web reçoit une requête HTTP, il enregistre cette information dans un log, en traduisant généralement l'adresse IP de l'internaute en nom de domaine. Cette conversion (DNS Lookup) constitue l'un des goulots d'étranglement du serveur HTTP Apache.
À désactiver donc.

Exemple

Dans le fichier de configuration de votre serveur Apache, situé à l'adresse `/etc/apache/httpd.conf` ou à l'adresse `/etc/apache2/apache2.conf`, écrire :

```
HostnameLookups Off
```

Désactiver la directive AllowOverride d'Apache

PRIORITAIRE	MISE EN ŒUVRE FACILE	IMPACT ÉCOLOGIQUE MOYEN

RESSOURCES ÉCONOMISÉES

Lorsque la directive `AllowOverride` est activée, le serveur HTTP Apache doit remonter toute la hiérarchie des répertoires pour, peut-être, y trouver un fichier `.htaccess` contenant des règles de surcharge. C'est pourquoi il est conseillé de désactiver si possible cette directive dans la configuration d'Apache.

Exemple

Dans le fichier de configuration de votre hôte Apache, ajouter :

```
AllowOverride none
```

Pour aller plus loin :

http://httpd.apache.org/docs/2.0/mod/core.html#allowoverride

Désactiver les logs binaires de MySQL ou MariaDB

CONSEILLÉ	MISE EN ŒUVRE FACILE	IMPACT ÉCOLOGIQUE MOYEN

RESSOURCES ÉCONOMISÉES

Les logs binaires du serveur MySQL ou MariaDB peuvent devenir très volumineux, consommant des cycles CPU tout en générant des entrées-sorties (I/O) sur le disque dur, puisque chaque requête de modification/suppression est inscrite dans le fichier de log. Aussi, si vous avez la possibilité de désactiver ces logs, vous économiserez beaucoup de ressources.

Exemple

Pour MySQL, mettre en commentaire dans le fichier `my.cnf` (ou équivalent) :

```
# log-bin
# expire_logs_days = 10
```

Contenu

Environ 80 % de la bande passante Internet sert à transférer des contenus multimédias, tandis que 90 % des courriels transportés sont des spams. Ces deux chiffres nous rappellent que le contenu joue lui aussi un rôle important dans le dimensionnement des infrastructures, donc dans les impacts environnementaux et économiques associés.

Lorsqu'un site ou un service en ligne permet de publier des vidéos, des images ou des documents, ces contenus sont rarement optimisés. Les e-mails sont également presque toujours envoyés au format HTML, même quand un simple fichier texte aurait suffit. Ce sont ces petits gestes, semblant sans conséquence, qui nous amènent à forger des mots tels que « infobésité », le corollaire d'obésiciel pour les données.

Lors de cette étape, les bonnes pratiques consistent à intégrer des mécanismes d'optimisation automatique des contenus (pour décharger les utilisateurs de cette tâche qu'ils ne maîtrisent pas) et, en tant qu'éditeur, à bien adapter le contenu proposé aux différents supports cibles.

Compresser les documents

PRIORITAIRE	MISE EN ŒUVRE FACILE	IMPACT ÉCOLOGIQUE FORT

RESSOURCES ÉCONOMISÉES

Compresser tous les documents pouvant être téléchargés depuis une page web, sauf si la compression n'apporte pas un gain évident (par exemple, cas d'un PDF parfaitement optimisé pour le Web).

Exemple

Un document au format DOC pesant 7,8 Mo ne pèse plus que 5,5 Mo une fois compressé, soit un gain de 30 % (compression WinZip par défaut).

Types de fichiers bureautiques pouvant être compressés facilement :

- documents issus d'un traitement de texte (.doc, .docx, .rtf, .txt, etc.) ;
- documents issus d'un tableur (.xls, .xslx, etc.) ;
- présentations (.ppt, .pptx, etc.) ;
- documents PDF ;
- contenus multimédias (images, audio et vidéo).

Optimiser les PDF

PRIORITAIRE	MISE EN ŒUVRE FACILE	IMPACT ÉCOLOGIQUE FORT

RESSOURCES ÉCONOMISÉES

S'assurer, avant leur mise en ligne, que les PDF sont réellement optimisés pour le Web : taux d'échantillonnage et de compression des images, polices incorporées, résolution…

Le cas échéant, proposer le téléchargement des PDF chapitre par chapitre.

Si vous souhaitez offrir à l'utilisateur de télécharger un lecteur PDF, préférer un logiciel léger tel que Sumatra (4,3 Mo) au lecteur d'Adobe (48 Mo), soit une bande passante divisée par 10 à chaque téléchargement et, surtout, une plus faible consommation de mémoire vive (ce qui permet de lutter contre la fracture numérique et l'obsolescence programmée).

Exemple

Pour un rapport annuel en PDF :

- vérifier que les images sont fortement compressées et à une résolution maximale de 72 dpi ;
- n'inclure que les principales polices ;
- découper le rapport en chapitres, afin de limiter les téléchargements inutiles.

Dédoublonner les fichiers d'adresses e-mail avant envoi

PRIORITAIRE	MISE EN ŒUVRE STANDARD	IMPACT ÉCOLOGIQUE MOYEN

RESSOURCES ÉCONOMISÉES

Selon l'ADEME (Agence de l'environnement et de la maîtrise de l'énergie), un e-mail contenant une pièce jointe de 1 Mo a un bilan carbone de 19 grammes d'équivalent CO_2. Si l'on replace ce résultat dans le contexte d'une entreprise de 100 personnes envoyant en moyenne 332 e-mails par jour, 220 jours par an, cela représente 13,6 tonnes d'équivalent CO_2, soit 13 allers-retours Paris-New York en avion.

Autres chiffres : selon Google, dans une entreprise française de 500 personnes hébergeant ses serveurs de messagerie, chaque utilisateur consomme environ 16 kWh et 1,67 kg d'équivalent CO_2 par an pour envoyer et recevoir ses e-mails.

Au regard de ces données, il est donc essentiel, avant chaque envoi d'un e-mailing ou d'une newsletter, de s'assurer qu'un même utilisateur n'est pas inscrit quatre fois...

Exemple

Pour en savoir plus sur l'analyse de cycles de vies des technologies : *www.ademe.fr*

N'utiliser que des adresses e-mail double opt-in

PRIORITAIRE	MISE EN ŒUVRE FACILE	IMPACT ÉCOLOGIQUE FORT

RESSOURCES ÉCONOMISÉES

Le *double opt-in* est une pratique marketing consistant à demander le consentement du prospect, généralement par accord électronique en cochant une case, puis à faire valider ce consentement par l'envoi d'un e-mail de confirmation à l'adresse indiquée. L'état de l'adresse devient double opt-in lorsque le destinataire a cliqué sur un lien contenu dans le message reçu. Ce procédé permet de valider l'adresse et de vérifier que la personne qui l'a fournie en est bien propriétaire. Cette double vérification confirme ainsi l'engagement du prospect pour recevoir une newsletter, souscrire à un abonnement, etc.

Il est donc recommandé d'utiliser la pratique du double opt-in pour réduire significativement :

- le nombre d'e-mails sans véritable impact (et donc la bande passante consommée) ;
- la charge du serveur SMTP lors de l'envoi de l'e-mailing ;
- la charge du serveur lors du traitement des désabonnements.

Exemple

Dans le cas d'un opérateur téléphonique ou d'une banque, laisser aux clients le choix parmi un catalogue de produits ou de services pour lesquels ils acceptent d'être sollicités.

Préférer le texte brut au HTML

PRIORITAIRE	MISE EN ŒUVRE FACILE	IMPACT ÉCOLOGIQUE FORT

RESSOURCES ÉCONOMISÉES

Lorsqu'une notification, une alerte ou un message de confirmation doit être envoyé par e-mail à l'utilisateur, préférer, quand c'est possible, du texte brut au code HTML.

Exemple

L'envoi d'un e-mail de confirmation de prise en compte d'une demande de contact ne justifie pas l'ajout de code HTML et d'images.

Un message HTML basique utilise en moyenne :
- au moins 2 images (le logo et une signature en bas de page), soit 10 Ko environ ;
- 12 Ko de code HTML pour la mise en page (styles inline, tableaux...) ;
- 4 Ko de texte (le message + 2 liens d'action).

Au final :
- e-mail HTML = 26 Ko ;
- e-mail text brut = 4 Ko.

Soit un gain de 22 Ko par e-mail envoyé.

Dans le cas d'un site transactionnel avec, par exemple, des alertes clients et internes, le gain potentiel devient considérable.

Bonne pratique n° 112

Adapter les sons aux contextes d'écoute

PRIORITAIRE	MISE EN ŒUVRE FACILE	IMPACT ÉCOLOGIQUE FORT

RESSOURCES ÉCONOMISÉES

Les fichiers audio peuvent être volumineux et consommateurs de bande passante. Aussi est-il indispensable d'en optimiser le poids.

Privilégier 3 formats couvrant les 3 grandes plates-formes (Windows, Mac OS X et Linux) :

- MP3 (MPEG-1 Audio Layer 3) ;
- AAC (*Advanced Audio Coding*) ;
- Vorbis.

Ces formats appliquent des algorithmes de compression très évolués permettant des gains de poids significatifs.

Exemple

Des encodeurs comme LAME permettent de convertir au format MP3 des fichiers audio non compressés, mais également de jouer sur le taux d'échantillonnage, afin de gagner encore du poids, au détriment de la qualité audio. À tester sur chaque fichier sonore.

Dans le cas d'un fichier de référence WAV `son.wav` de 63 128 octets, sa conversion en MP3 donne :

- un fichier `son-128.mp3` de 10 823 octets (128 kb/s), 6 fois plus léger ;
- un fichier `son-64.mp3` de 6 508 octets (64 kb/s), 10 fois plus léger.

Bonne pratique n° 113

Adapter les textes au Web

CONSEILLÉ	MISE EN ŒUVRE FACILE	IMPACT ÉCOLOGIQUE MOYEN

RESSOURCES ÉCONOMISÉES

Écrire des textes courts à l'aide d'un style direct. Favoriser la concision des idées exprimées, quitte à développer le propos sur plusieurs pages si le contenu est très long et/ou intègre beaucoup de notions différentes.

Découper en plusieurs pages les contenus d'une longueur conséquente.

Exemple

Si un sujet nécessite une longue explication, le découper en plusieurs pages et/ou le traiter dans un document à télécharger. Ainsi, les utilisateurs n'afficheront que les pages qu'ils souhaitent lire et ne téléchargeront que les fichiers qui les intéressent.

Bonne pratique n° 114

Adapter les vidéos aux contextes de visualisation

PRIORITAIRE	MISE EN ŒUVRE STANDARD	IMPACT ÉCOLOGIQUE FORT

RESSOURCES ÉCONOMISÉES

Prévoir plusieurs formats (taille, *frame rate*, compression audio, etc.) selon le contexte de lecture des vidéos (ordinateur de bureau, tablette Wi-Fi, smartphone EDGE….).

L'optimisation des vidéos doit être réalisée en dehors du site web, idéalement lors de la postproduction. Si ce n'est pas possible, utiliser des services comme Youtube ou Vimeo qui proposent, par défaut, plusieurs formats optimisés (SD, HD, etc.).

Exemple

Une aide utilisateur tournée en 1 680 × 1 050, d'une durée de 15 secondes, pèse :

- 49 Mo non optimisée ;
- 3 Mo optimisée pour une résolution égale ou supérieure à 1 024 × 720 en MPEG 4 / H.264 / AAC ;
- 1,2 Mo optimisée pour une résolution égale ou supérieure à 480 × 320 en MPEG 4 / H.264 / AAC.

On peut donc estimer un gain d'au moins 50 % du poids (et probablement des gains lors du décodage, car le format d'encodage tient compte des matériels cibles) entre la version « desktop » et la version « mobile » de la vidéo.

Avec 3 tailles différentes × 3 encodages différents, soit 9 versions d'une même vidéo, la plupart des cas devraient être couverts. Avec une logique de responsive design, il est possible de servir telle ou telle vidéo en fonction de règles simples telles que la résolution d'écran.

Limiter l'utilisation de Flash

CONSEILLÉ	MISE EN ŒUVRE FACILE	IMPACT ÉCOLOGIQUE FORT

RESSOURCES ÉCONOMISÉES

Pour animer des éléments d'une page, préférer HTML + JavaScript à Flash, qui requiert l'installation du plug-in Flash Player. Même si la performance pure du couple HTML + JavaScript - en termes de FPS *(Frame Per Second)*, par exemple - est moins bonne, elle demeure en effet suffisante dans la majorité des cas.

En outre, les bibliothèques JavaScript (comme jQuery) étant déjà chargées pour d'autres parties du site, on évite le téléchargement d'une bibliothèque spécifique, et donc l'ajout ou le téléchargement de code supplémentaire.

Exemple

Pour construire un slider avec des effets variés, jQuery fournit un ensemble de méthodes dédiées permettant de jouer sur :

- les couleurs ;
- les classes CSS ;
- 16 effets de transition ;
- des dizaines de déplacements ;
- ...

Pour aller plus loin :

http://jqueryui.com/demos